01 大学之思

主编 刘东

Seeing the World

见识世界

全球化时代美国大学的跨学科研究

〔美〕米切尔·L.史蒂文斯

辛西娅·米勒－伊德里斯　　著

塞特尼·沙米

王　翔　译

商务印书馆
The Commercial Press
创于1897

总　序

　　这里所集中收录的,主要是美国那边的同事们,对于高等教育的批判反思,——当然他们所集中针对的,也主要是美国的高等教育。

　　要说"挑剔"的话,这几乎就是在"鸡蛋里挑骨头"了。尤其是在晚近的紧张竞争中,我们就可以看得格外清楚了:那种既生机勃勃,又纪律严明的高等教育,几乎就是这个国家最大的比较优势了。——更令人惊异的是,这样的优势竟还能长久地维持不坠,以至于哈佛文理学院前院长几十年前讲出的话,还可以被当作刚发表的新闻稿来读:

　　　　当外国经济竞争对手似乎在一个接一个的领域里超过我们的日子里,可以再次保证确信一点:美国毫无问题地主宰世界的一个重大的产业,那就是高等教育。世界上 2/3 到 3/4 的最好大学是在美国。这个事实是最近对美国高等教育展开批评的许多人所忽略的……我们经济中有哪个其他部分能作类似的说明?有棒球、橄榄球和篮球队——但名单也到此为止了。没有人会说今天的美国有 2/3 的全球最佳钢铁厂、汽车厂、芯片制造厂、银行或政府部门。我们处在高等教育质量表上的高端地位是非同一般的,它可能是一项特殊的国家资产,需要加以说明。[1]

可即使如此,那些远在大洋彼岸的知识人,还是对于置身其中的高等学府,进行着毫不容情的、不稍间断的批判。而且,这种批判也丝毫没有虚妄矫情之嫌,倒是充满了由衷的愤怒,正如斯坦福大学前校长唐纳德·肯尼迪所云:"高等教育已经融入我们的生活。我们在所有的事情上离不开它,也相信它的价值。当它带给我们失败,我们就变得失望;而当它开销太大,我们就变得愤怒。这种超乎寻常、至关重要的机构究竟是什么? 它是怎样逐渐成为今天这种状况的?"[2]——于是也就不待言,正是这种力道很大、接踵而至的批判,才向我们的丛书提供了持续不断的迻译内容。

那么,他们都在"挑剔"或批判些什么呢? 我在以往撰写的类似文章中,也曾随手进行过一些简单的枚举:

——忧虑它的过度市场化和企业化,忧虑它的精神流失;

——忧虑它的批量生产和形式主义,忧虑它的鼓励平庸;

——忧虑它的集体腐败和拉帮结派,忧虑它的风格趋同;

——忧虑时而出现弄虚作假和剽窃,忧虑它被外间污染;

——忧虑它像飘蓬一样无根地变异,忧虑它丢失了传统;

——忧虑它太贴向财大气粗的金主,忧虑它失去了独立;

——忧虑它虚掷纳税人的辛勤血汗,忧虑它有违于公平……

---

1   亨利·罗索夫斯基语,转引自克拉克·克尔:《大学之用》(第五版),高铦等译,北京大学出版社,2008年,第129页。

2   唐纳德·肯尼迪:《学术责任》,阎凤桥等译,新华出版社,2002年,第6页。

　　所以，虽然乍看不无突兀之处、细想却在情理之中的是，即使他们享有着相对正常的学术秩序，即使他们举不胜举的顶尖学府相比起来也简直像是"漂在钱海"里，可至少照身在其中的那些人看来，这个被戴维·洛奇挖苦过的"小世界"，也实在谈不上算什么"理想国"。恐怕正是职是之故，才在自己所从事的人文学科中，发现了曾让我蹊跷不已的现象："何以美国拥有那么多功力深厚的同行，但将其全部知识原创性迭加在一起，却远远及不上一个小小的巴黎？"[1]当然了，话还是要说回来，正因为从未满足过身边的现状，他们那些富于力道的批判话语，仍然从后效上构成了持续激发的马刺，终究使那边的高校保住了总体的优势。——这种充满张力的辩证状态，如果用我以往发表的语句来讲，正是在一方面，"知识群体突然兴奋地发现，大学这个他们最为熟悉的教育机构，正好提供了一个近在手边的文化案例，使自己可以充分发挥解析与批判的特长，从而不仅可以指望以自己的写作活动来改进身边的境遇，甚至还可以此来报效大学所属的总体社会"[2]。而在另一方面，"同时也要平心地说一句，无论出现了多少问题，又正因为保持着这样的忧患，正因为可以公开发表这种忧思，正因为由此可以促进改革，他们的大学才保持着相对的优势，成为当代美国已经屈指可数的优势和骄傲之一"[3]。

　　令人生畏的是，恰是当下这股全球化的逆流，更迫使我们理应睁开眼睛看清楚，即使美国只具备高教这一个优势，也足以盖过它诸多

　　1　刘东：《社科院的自我理由》，《理论与心智》，江苏人民出版社，2001年，第223页。

　　2　刘东：《众声喧哗的大学论说》，《我们的学术生态：被污染与被损害的》，浙江大学出版社，2012年，第55页。

　　3　刘东：《再序〈大学之忧丛书〉》（修订稿）。此文原为高等教育出版社出版的"大学之忧丛书"的总序，之后我又做了修订，修订稿未刊。

的次要优势,从而在根本上创造和保持着综合的国力,这才是美国大学最令人羡慕,也最值得学习的地方。六年前,我曾在"腾讯思享会"举办的授奖仪式上,历数过自己对当代中国的种种忧虑,包括"生态恶化""创新不足""生育下滑""社会萎缩"和"文化垮塌"等等,而"创新不足"又在其中排得相当靠前,因为这更使得我们的社会经不起"脱钩"。——说到根子上,这又跟我们每天都在校园里发出的长吁短叹有关:"从我作为教授的角度来说,如果我们的教育还是死记硬背的应试教育,我相信我们的创新是不可指望的。我先教北大、后教清华,我的学生里边有很多状元,但是他们不会创新,他们的博士论文主题都是老师我给的。一个博士论文题目都找不到,怎么可能做出能打败乔布斯的新成果?"[1]

出于这种深深的忧虑,尽管我不赞成某些文人的"东施效颦"——他们往往就连装出的愤怒都属于"舶来"的——然而,一旦涉及整个文明的"创造性根源",我们又不能不对于外部的话语有所敏感、深感触动,或者说,不能不去倾听那些作为激发动力的、对于大学制度本身的批判反思,并由此再对身边的问题发出触类旁通的反思。无论如何,绝不能再摆出"事不关己,高高挂起"的架势,更不能只是琢磨怎么去钻现有制度的空子,所以它越是千疮百孔地、不可救药地糟透了,就反而让自己有机可乘、有利可图。否则,那一切自夸就终是在妄发"虚火",既徒然地招人嫉恨,又浅薄得令人喷饭;而我们正在快速崛起的父母之邦,则更匹配不上最起码的、与其体量相适应的"脑容量",只剩下规模庞大的肉体身躯,像是尚未进化到"智人"阶段的远古猿人。

1　刘东:《社会自治可驯化政治力》,《腾讯文化》,2015 年 11 月 26 日。

　　应当转念想到,我们置身其中的高等学府,并不只是我们借以安顿自己的机构,以至一旦有幸躲到了里边,那就什么样的话题都可以研究,哪方面的合理性都敢于追问,偏偏就不去研究这个机构本身,更不敢追问它是否具有合理性。而事实上,这种具有历史性的学术和教育机构,本身也是脱生于具体的社会语境,也有自己的来龙去脉、前因后果,绝不可能是天然合理、天经地义的。既然如此,我们就只有通过不间断的检讨与反思,才可能一步步地去改进和优化它,从而也让自己在其中发出的深层运思,都变得更加自如和富于活力,获得更上一层的解放与焕发。

　　当然与此同时,正由于在这种潜心的研读中,确然看到了来自西方本身的检讨,从而看出了即使是哈佛耶鲁,也并非光可鉴人、无懈可击的,我们就更容易从以往的盲从中解脱出来,尤其是,从当下对于"一流大学"的亦步亦趋中,幡然悔悟和恍然大悟地挣脱出来。回顾起来,针对这种盲人瞎马式的追随,自己过去也早已撰文贬斥过了:"必须警惕这样一种本质主义的倾向:一旦谈论起大学,总是贪图省事不假思索地以不变应万变——误以为只要从西方文明的源头略加寻索,就准能在那里找到必然预制好的万应良药来;甚至,即使很显然当代西方本身在教育实践中已经把那些理念弃而不用了,也仍然刻舟求剑地认为:只要能坚持表现得比西方还要西方,就一定会医治好当代中国的大学。"[1]

　　于是也就不在话下,用以取代这种盲目追随,乃至狐假虎威的,便只能是我们本身的开动脑筋与独立思考,从而让我们对于中国大学的构想与改造,也变得更加清醒自觉、胸有成竹,并让我们置身其

　　1　刘东:《众声喧哗的大学论说》,《我们的学术生态:被污染与被损害的》,浙江大学出版社,2012年,第41页。

中的高等学府，也能逐渐匹配当代生活的紧迫要求。无论如何，总希望能有更多志同道合的同事，来加入对于大学本身的这番阅读与思考，从而打从文化基因的隐秘深处，来激活整个中华民族的造血机制。——不管译介的工作将会多么艰涩与费力，我们都甘愿把为此付出的这份额外辛劳，源源地奉献给有志于此的同道们！

刘　东

2022 年 12 月 11 日

于浙江大学中西书院

献给从事区域研究的学生和他们的导师

如果你把一所大学想象成一个万花筒，此刻它的所有部分都在转动。而当它停止转动时会是什么样的图案，答案是开放的。

——一位政治学者兼资深国际事务官

目　录

致　谢

我们最为亏欠的是数十位用自己的话语使我们的书章生动起来 ix
的人。那些接受访谈的教师和管理人员尽管公务繁忙,仍经常与我
们这些陌生人进行冗长的对话。我们从他们每个人那里学习,如果
没有他们的贡献,我们的研究就无从谈起。

如果没有财政支持,这项研究也不会发生。2000 年,福特基金会
资助了中东研究领域一个试点项目的数据收集工作(批准号:1010 -
0542)。从 2004 年开始,在美国教育部国际研究和学习计划的资助
下,该项目成为一项大规模的行动,聚焦在美国大学的中东、俄罗斯/
欧亚、南亚以及中亚区域研究中心。在 2010 年前,教育部连续提供
了两笔拨款(批准号:P017A040075、P017A060034),用于数据收集和
初步分析的三个阶段。2014 年后,安德鲁·W. 梅隆基金会(Andrew
W. Mellon Foundation)的后续拨款使进一步的数据分析成为可能(批
准号:31300136)。

自 2000 年以来,社会科学研究理事会(Social Science Research
Council,SSRC)一直是该项目的大本营。此中意义重大。SSRC 是 20
世纪以区域为重点的社会科学发展的核心,并继续着对世界性学术
研究的奉献。SSRC 主席克雷格·卡尔霍恩(Craig Calhoun)和艾拉·
卡兹尼尔森(Ira Katznelson)的远见卓识和重要鼓励对我们来说是无

价之宝。马西亚尔·戈多伊-阿纳蒂维亚(Marcial Godoy-Anativia)、尼古拉·吉约(Nicolas Guilhot)和斯里鲁帕·罗伊(Srirupa Roy)对围绕区域研究的长久(longue durée)争论进行了批判性概述。

纳兹利·帕维兹(Nazli Parvizi)助益我们预研究的数据收集,玛丽·安·里亚德(Mary Ann Riad)帮助我们获得了美国教育部的第一笔拨款,莫琳·阿卜杜勒赛义德(Maureen Abdelsayad)协调了田野调查的第一个主要阶段。霍莉·丹泽森(Holly Danzeisen)出色地管理了第二和第三阶段的田野调查,并在我们多年来思考这一切的全过程中把我们团结在一起。我们要特别感谢她,感谢她的耐心,当然还有我们的集体智慧。

2004—2006年,莉萨·韦丁(Lisa Wedeen)、雷沙特·卡萨巴(Reşat Kasaba)和卡伦·普法伊费尔(Karen Pfeifer)担任新扩展项目的指导委员会成员,帮助我们构思研究,并在整个第一阶段提供指导。多年来,查尔斯·库兹曼(Charles Kurzman)帮助我们理解我们的调查对不同受众的潜力。

我们的想法受到诸多活动的启发:SSRC赞助的中东研究协会(Middle East Studies Association,MESA,2000,2003)的研讨会,第一届中东研究世界大会(World Congress of Middle East Studies,WOCMES,2002)和美国社会学协会(American Sociological Association,ASA,2011)的圆桌论坛,以及在波士顿大学、加州大学伯克利分校和加州大学戴维斯分校的特邀讲座。在整个项目期间,SSRC还举办了额外的咨询会议,以介绍经验研究的结果。除了项目指导委员会成员、SSRC工作人员和项目研究人员外,2007年参与研讨会的还包括莉萨·安德森(Lisa Anderson)、劳拉·比尔(Laura Bier)、霍达·埃尔萨达(Hoda Elsada)、德米特里·戈伦堡(Dmitry Gorenburg)、麦尔维特·海特姆(Mervat Hatem)、桑吉塔·卡马特(Sangeeta Kamat)、大卫·卢登(David Ludden)、扎卡里·洛克曼(Zachary Lockman)、艾米·纽霍尔(Amy Newhall)、大卫·纽金特(David Nugent)、珍妮弗·奥姆斯特德(Jennifer Olmsted)、莫顿·瓦尔比约恩(Morton Valbjørn)和乌尔里希·维尔泽尔(Ulrich Wurzel)。这些讨论促进了我们的思考,无论是关于全球区域知识的生产,还是区域研究和学科之间的动态关系,以及"9·11事件"对区域研究的影响。

我们要感谢2008年咨询会的与会者:杰里米·阿德尔曼(Jeremy Adelman)、萨达·阿克萨托娃(Sada Aksartova)、塞尔玛·博特曼(Selma Botman)、戴安娜·德博拉·戴维斯(Diana Deborah Davis)、J.尼古拉斯·恩特里金(J. Nicholas Entrikin)、大卫·弗兰克(David Frank)、琳达·科斯蒂根·莱德曼(Linda Costigan Lederman)、米谢勒·拉蒙(Michèle Lamont)、瓦苏基·奈西亚(Vasuki Nesiah)、杰弗里·里丁格(Jeffrey Riedinger)、吉迪恩·罗斯(Gideon Rose)、南希·鲁特(Nancy Ruther)和乔治·斯坦梅茨(George Steinmetz)。2009年最后一次咨询的与会者包括:托马斯·本德(Thomas Bender)、大卫·恩格曼(David Engerman)、卡尔·恩斯特(Carl Ernst)、罗伯特·格鲁(Robert Glew)、凯瑟琳·哈勒(Kathleen Hall)、杰瑞·雅各布斯(Jerry Jacobs)、阿里·卡萨姆-雷姆图阿拉(Aly Kassam-Remtualla)、乔·米塞尔(Joe Miesel)、珍妮弗·奥姆斯特德、南希·鲁特、托比·艾丽斯·沃克曼(Toby Alice Volkman)和史蒂文·惠特利(Steven Wheatley)。

2014年,美利坚大学的一个写作研讨会邀请了伊桑·赫特(Ethan Hutt)、阿什利·米尔斯(Ashley Mears)和席琳-玛丽·帕斯卡尔(Celine-Marie Pascale),他们阅读了早期的章节草稿,并提供了精辟的反馈。米谢勒·拉蒙和克里斯托弗·洛斯（Christopher Loss）与我们进行了无数次对话。普林斯顿大学出版社的两位官方匿名审稿人对书稿的完整版本提供了一系列评论。

　　我们衷心感谢该项目的研究人员，他们在辛西娅·米勒-伊德里斯（Cynthia Miller-Idriss）的指导下，从 2005 年到 2007 年分三个阶段进行了大量的数据收集和编码工作，他们是：伊丽莎白·安德森·沃登（Elizabeth Anderson Worden）、尼克·戈齐克（Nick Gozik）和安东尼·科利哈（Anthony Koliha）。他们花了数周的时间进行校园参访，同时还要平衡论文和其他专业工作的需要。杰里米·布朗（Jeremy Browne）提供了重要的帮助，让我们得以使用美国教育部 EELIAS/IRIS 数据库，并使我们了解整体方法论架构。我们还要感谢其他研究人员，包括负责预研究调查的卢辛·塔米尼安（Lucine Taminian），爱丽丝·霍纳（Alice Horner）则承担了重要的背景研究，并编制了令人印象深刻的参考书目。其他的研究援助大部分由纽约大学斯坦哈特学院资助，参与者包括博士生珍妮弗·奥尔巴赫（Jennifer Auerbach）、克里斯蒂安·布拉乔（Christian Bracho）、肖恩·明金（Shane Minkin）、娜奥米·莫兰德（Naomi Moland）和妮娜·佩辛-惠特比（Nina Pessin-Whedbee）。斯坦福大学的博士生杰西·福斯特（Jesse Foster）提供了细致的数据清理和编码支持。

　　特别感谢乔纳森·弗里德曼（Jonathan Friedman），他除了在过去 8 年中提供研究上的协助之外，还在 2013 年至 2017 年担任该项目的数据经理。在这个岗位上，他承担了艰巨的任务，即让所有项目证据具有互操作性，综合了在他之前参与项目的许多人的工作，并确保数据呈现的一致性和准确性。

　　米切尔·L. 史蒂文斯（Mitchell L. Stevens）还要对斯坦福大学的

几个机构表示感谢。教育研究生院提供了学术休假和课程豁免，使他有可能完成第一版完整的书稿及其实质性修订。社会科学研究所（Institute for Research in the Social Sciences, IRiSS）为他提供了写作场所和田园诗般的工作环境。斯堪的纳维亚组织研究联盟（Scandinavian Consortium for Organizational Research, SCANCOR）主持了无数关于这项研究的对话，并以一种新颖的方式构建了一个生动的案例研究。许多斯坦福大学的同事提供了愿景、鼓励和实际的建议，包括：卡伦·库克（Karen Cook）、汤姆·埃利希（Tom Ehrlich）、马克·格兰诺维特（Mark Granovetter）、艾什瓦里·库马尔（Aishwary Kumar）、大卫·拉巴里（David Labaree）、哈里·马克勒（Harry Makler）、丹·麦克法兰（Dan McFarland）、约翰·迈耶（John Meyer）、大卫·帕伦博-刘（David Palumbo-Liu）、伍迪·鲍威尔（Woody Powell）、奇基·拉米雷斯（Chiqui Ramirez）、加布里埃拉·萨夫兰（Gabriella Safran）、迪克·斯科特（Dick Scott）、帕尔纳·森古普塔（Parna Sengupta）、莎拉·索尔（Sarah Soule）、罗伯特·韦斯林（Robert Wessling）、卡伦·维根（Kären Wiggen）、约翰·维林斯基（John Willinsky）以及周雪光（Xueguang Zhou）。尼科勒·费利克斯（Niecolle Felix）沉稳地负责管理财务和校对工作。除了斯坦福大学的同事之外，伊丽莎白·阿姆斯特朗（Elizabeth Armstrong）、伊丽莎白·克莱门丝（Elisabeth Clemens）、卡罗尔·海默（Carol Heimer）、杰瑞·雅各布斯和杰森·欧文-史密斯（Jason Owen-Smith）都是忠实的思想伙伴。无论是在纽约、明尼阿波利斯还是帕洛阿尔托，阿里克·利夫希茨（Arik Lifschitz）都以其无与伦比的耐心智慧完成了这项工作。

辛西娅·米勒-伊德里斯感谢纽约大学提供的 2011—2012 年学

术休假,美利坚大学提供的 2013—2014 年休假,以及 2013—2014 年
科隆大学文化形态高级研究中心(Morphomata Center for Advanced
Studies)提供的驻访机会,这为数据分析和撰写早期章节草稿提供了
必要的时间。感谢主持谈话并对章节草稿和思路提供了重要反馈的
人士,特别感谢塔玛·布雷斯劳尔(Tamar Breslauer)、凯文·霍夫兰
(Kevin Hovland)、迈克尔·肯尼迪(Michael Kennedy)、迈克尔·柯斯
特(Michael Kirst)、大卫·拉巴里、克里斯·洛斯(Chris Loss)、帕特·
麦吉恩(Pat McGuinn)、贾斯汀·鲍威尔(Justin Powell)、丹尼尔·特
勒(Daniel Tröhler)、伯恩哈德·斯特雷特维泽(Bernhard Streitwieser)
和伊丽莎白·沃登提供的实质性反馈。来自纽约大学和美利坚大学
的同事理查德·阿鲁姆(Richard Arum)、金·布兰肯希普(Kim
Blankenship)、克里斯蒂安·布拉乔、达纳·伯德(Dana Burde)、谢丽
尔·霍尔科姆-麦考伊(Cheryl Holcomb-McCoy)、莎拉·欧文·贝尔
森(Sarah Irvine Belson)、彼得·斯塔尔(Peter Starr)、盖伊·杨(Gay
Young)和乔恩·齐默尔曼(Jon Zimmerman)提供的智力和社团支持
是无价之宝。研究开始时三位合作者都住在纽约,到项目结束时,我
们却已时空各异,分别生活在帕洛阿尔托、华盛顿特区和贝鲁特,研
究助理、项目协调员仍就职于纽约大学和 SSRC(布鲁克林)。我们定
期举行的写作研讨会和讨论得到了补贴,增加了一到两天的相关会
议和会谈,为此我们要感谢美利坚大学教育学院全球教育论坛、斯坦
福大学教育研究生院和社会科学研究理事会。最后,沙米勒
(Shamil)、阿尼塞特(Aniset)和努拉·伊德里斯(Nura Idriss)作为家
人的不懈支持以难以估量的方式保障了该项目和辛西娅在其中的
作用。

　　我们三个人都受益于普林斯顿大学出版社的编辑和制作团队无

与伦比的专业精神。埃里克·施瓦茨(Eric Schwartz)签署该项目的时间比我们任何人想象的都要早。梅根·莱文森(Meagan Levinson)接手时这项工作基本上还处于设想阶段。尽管如此,她还是相信、促成并坚持始终。珍妮·沃尔科维基(Jenny Wolkowicki)熟练地指导书稿的写作。对于这本书,我们找不到比"普林斯顿文化社会学研究丛书"更好的归宿了。

　　第五章"数字与语言"的部分内容曾出现在辛西娅·米勒-伊德里斯和塞特尼·沙米(Seteney Shami)合作的论文《美国社会科学的研究生培养和勉为其难的国际主义》("Graduate Student Training and the Reluctant Internationalism of Social Science in the USA")中,该论文发表在《比较与国际教育研究》(*Research in Comparative and International Education*)2012年第7期,本书转载已获SAGE出版有限公司许可。

　　本书中的任何错误或遗漏完全由署名作者负责,但对它的任何赞誉属于所有人。

导　言
学术界的视角

本书的写作目标主要有三个。首先是深入考察美国研究型大学
的文理学科*核心的知识生产机制。学界对于大学如何将金钱和智
力转化为知识的理解还是比较有限的。目前，我们对知识生产的投
入只有初步的衡量标准：学杂费、政府补贴、公益捐赠，以及师生的学
历程度。对产出的衡量同样粗略：授予学位的数量，论文、文章和书
籍，获得的专利，以及特定发明的回报。而对于投入和产出之间的黑
箱，我们知之甚少。直到最近，学者才开始认真尝试对顶尖大学日常
知识生产所需的所有组成部分进行具体的说明和量化：师生之间的
各种交谈，工作坊、研讨会和工作午餐会，偶然的邂逅和办公室内外的
八卦聊天，每天的阅读、复习和打分……总之就是可供发表的观点以及
偶尔能形塑历史的见解。不过，关于学术知识生产的基本问题仍然悬
而未决。大学如何从它们的人力投入以及更广阔的环境中获取信息？
学术创新是否具有通用的炼金术，抑或在不同的知识领域有着本质的
差别？大学核心的知识工作与出资人的偏好以及世界事务有着怎样的

---

*　文理学科（arts and sciences），有时也翻译成"艺术与科学"。此处的"arts"即国
内通常所说的文科（包括人文与社会学科），而非"art"（艺术），尽管一般也包括艺术；
"sciences"即国内通常所说的理科。（本书脚注如无特别注明者，皆为译者注）

联系？这本书提供了关于如何提出和回答这些问题的新颖洞察。

本书的第二个目标是增进将大学作为见识世界的特殊机制的理解。学界早就认识到，大学是观察社会变迁的理想场所。种族融合的步伐以及性别和性关系的动态变化都是重要社会进程的例子，它们通过在高等教育中的表达得到折射和更清晰的理解。大学如何组织关于世界其他地区的知识也提供了重要的经验。关于"东方"文明的研究机构、基于现代化理论的研究项目、在特定地点以特定方式提供的留学项目……所有这些都可以用来洞悉学者及其出资人如何理解世界，以及他们与世界之关系的世代变迁。

本书的第三个目标是提出关于美国大学自身如何变迁的理论。大学是一种特殊的组织，它们同时既向后看也向前看。通过在美轮美奂的古老建筑里工作，在夏天的节日里穿上中世纪的长袍，并颁发用死语言*写成的纸质文凭，大学的领导者演练着他们对珍爱的过往的效忠。同样是这些人，他们也总是在为未来而建设。随着知识的增长，知识生产和知识消费相关技术的发展，以及出资人的偏好和重点的变化，他们不断地翻新自己的学术家园。本书最主要的目的，就是描绘出一幅美国研究型大学如何在不断重构自己的同时保持稳定身份认同的图景。

本书是对"9·11事件"后美国研究型大学中致力于区域研究（特别是针对中东及其周边地区）的项目组织的经验研究。它发端于社会科学研究理事会（SSRC）的长期思考和磋商。从20世纪90年代中期开始，SSRC在冷战结束和学术界对区域研究模式的批评日益增多的背景下，重新思考其国际项目。2000年，SSRC从福特基金会获得了一笔用于重新思考中东和北非项目的小额拨款。"9·11事件"

---

* 死语言（dead language），指那些不再被用作母语的语言，如拉丁语。一些历史悠久的美国大学至今仍会按照传统使用拉丁语书写文凭。

的发生,特别是针对中东研究项目的公共和政治争论,使得上述倡议迫在眉睫。2003 年,美国教育部高等教育国际研究项目办公室(US Department of Education's Office of Postsecondary Education International Research and Studies Program)发布的提案推动了该倡议的发展,该提案致力于"改善和加强现代外语、区域研究和其他国际领域"的研究。提案的重点是"评估 1965 年《高等教育法》第六编授权项目的成果和有效性的研究",以及侧重于"中东、中亚和南亚"方面的工作[1]。

　　我们当中首先响应这一号召的是塞特尼·沙米,她当时负责 SSRC 的中东和俄罗斯/欧亚项目组。她最初向教育部提出的建议侧重于中东研究,聚焦于该领域面临的三大挑战:范式的问题,由全球一体化的发展和全球化范式的兴起所引发;学科的问题,特征是围绕社会科学中背景知识价值的持续性学术争论,而经济学、政治学和社会学的学者貌似退出了以区域为重点的学术研究;"后 9·11 时代"的公共问题,不仅增加了研究中心的工作量,还催生了"一种更强的义务感和责任感"[2]。

　　沙米找到了一位理想的研究牵头人——辛西娅·米勒-伊德里斯,她当时是纽约大学的社会学和人类学学者,在关于民族主义和身份认同等各种学术文献中积累了专业知识,这为她对两德统一后右翼极端主义的研究打下了基础[3]。米勒-伊德里斯设计了一种定性比较分析 * 策略,用于调查接受 1965 年《高等教育法》第六编** 授权项

---

　　* 定性比较分析(qualitative comparative analysis)是社会科学常用的一种案例研究方法,其主要目的是寻找因果关系,特别适用于研究多种原因的不同组合如何影响了社会事件的结果。

　　** 《高等教育法》第六编的主要内容是为外语、国际教育以及国际政策等领域的研究提供资助,并要求接受资助者面向 K-12(幼儿园至第十二年级)、教师和公众开展公共外联活动。

目资助的大学如何开展区域研究。

　　该项目最早的研究问题集中在区域研究机构如何回应美国学术界日益高涨的跨学科和全球化的呼声。沙米和米勒－伊德里斯发现，区域研究项目中的历史和人文学者比社科学者的人数要多。他们想知道，为什么区域研究机构没有对目标地区的当代政治、社会、文化和经济发展进行更多的研究。他们还希望了解，在管理者对"全球"理念的接受度迅速提升之际，区域研究项目如何找到自身的定位。

　　SSRC 在区域研究中的创始者角色以及第六编授权项目资金的批准，使其有机会接触到美国学术界许多有影响力的人物。从 2005年到 2009 年，沙米和米勒－伊德里斯考察了一个由 SSRC 研究员、博士生和咨询师组成的团队的工作，以确立访谈、调查和焦点小组讨论方法；选定地点；选择受访者；进行实地考察；从教育部档案中收集数据；转录录音和现场笔记；并对收集的证据进行初步分析。

　　当数据收集接近尾声之时，团队意识到它为有关美国学术界的对话提供信息的潜力远远超出了区域研究的领域。为此，他们邀请米切尔·L. 史蒂文斯加入这项工作。史蒂文斯刚刚完成了关于大学选择性招生的组织民族志研究，并对社会科学领域的高等教育资助进行了批判性回顾，由此带来了互补的专业知识[4]。我们都认为这个项目是一个机会，可以详细阐述是何种组织机制将出资人的优先事项与美国高等教育的核心学术工作联系起来。我们一起开发了分析策略和数据编码*方案，使我们能够在其中找到研究问题的方法。更广泛地说，该项目成果斐然、形式多样，包括内部报告、白皮书、同行评审期刊上的论文以及书稿等[5]。该项目的第一部分侧重于中东

₄

---

　　* 编码(code)，是社会科学定性研究常用的扎根理论研究方法的一个步骤，是指从经验材料中提炼出概念、范畴及其相互关系的过程。

研究,最终由沙米和米勒-伊德里斯编写了一本书,题为《新千年的中东研究:知识基础设施》(*Middle East Studies for the New Millennium: Infrastructures of Knowledge*)[6]。随着本书的写作进一步发展为对高等教育和组织变革的探究,史蒂文斯担任了第一作者。

从 SSRC 为更大规模的调查收集的丰富多样的证据来看,本书主要依赖于对该项目 12 所研究型大学中的 8 所的教职员工的访谈。我们之所以将调查范围限制在这 8 所学校,是因为从每所学校获得的访谈样本非常相似。这 8 所大学包括公立和私立,分布在整个美国大陆,在大学的组织种群*中属于中等或较大规模的组织。它们都是声誉卓著的研究机构,拥有多个由第六编资助的研究中心。在这 8 所大学中,我们分别访谈了以下人员:

区域研究中心主任。这些职位通常由主要在人文或社科院系具有终身教职的教师兼任。

区域研究中心副主任。这些职位通常是行政任命的,担任者在与该地区有关的研究领域中拥有高等学位(通常但不一定是博士学位)。他们负责维持研究中心的日常运营。他们的职责包括:安排课程、管理硕士课程、维护网站、举办活动和接待访客、撰写资助申报书,以及管理差旅和语言培训费用——这是第六编项目的标志性资金。

经济学、政治学**和社会学学科的系主任。因为我们的项目一直聚焦于社会科学在区域研究中的位置,所以我们特别征求这些学

---

　　*　组织种群(organizational population),是对具有共同的组织形态和社会身份的一类组织的统称。

　　**　此处的"政治学"原文为 political science(政治科学),当代美国的政治学主要表现为政治科学,强调借用自然科学的思路和方法分析政治问题,重视实证研究特别是定量方法。在我国,关于是否存在同一化的"政治科学"尚有争议,学界较为常用的术语仍是政治学,因此本书中均译为政治学。

科中资深领导者的意见。

国际/全球事务的院长或副教务长。我们的 8 所案例大学中有 5
所设置了负责推动和协调国际活动的高管。这些访谈使我们能够更
广泛地了解大学领导者如何设想他们的学校与世界其他地区的关系。

我们团队的许多成员研究了通过实地考察收集的现场证据以及
大量的档案材料，这些资料影响着我们的见解。我们在这里将分析
限制在转录的访谈——总数 80 人中的 73 人——部分是为了减少任
何大规模定性研究所难免的噪声。但我们也要充分利用丰富的访谈
材料。我们的受访者是以理解复杂事物为生的。作为学者，他们接
受的训练是在成堆的数据、庞杂的档案和悠久的历史传统中发现规
律。作为管理者，他们在错综复杂的大学官僚机构中生存和发展。
并且，由于他们涉猎的知识领域十分广泛，他们对世界的看法往往大
相径庭。很多受访者在职业生涯中不遗余力地探索我们所调查的学
术和组织领域，他们有很多观点想要表达。我们尊重他们的观点，尽
量让他们经常诙谐、偶尔愤怒和一贯深思的见解能有出头之日。

访谈基本上都是面对面进行的，地点由受访者选择，通常是在他
们的办公室[7]。我们请研究中心的主任和副主任谈谈他们所在单位
的组织架构和使命，以及研究涉及的区域和主题范围。我们还询问
了他们与大学的中央管理部门和学科院系的具体关系。通过这些对
话，我们试图了解研究中心在财务、人员、课程和招生方面的自主权
及其主要限制。我们请社会科学学科的系主任说明研究生是否以及
如何平衡学科训练与区域专长，又有哪些资源可供有志于此者使用。
我们向负责国际事务的高管请教近年来围绕"全球"理念产生的校园
思潮和文化的变迁，以及这些变迁是否对研究中心产生了影响。

我们对访谈进行了录音和逐字转录。受访者自愿参与研究，我

们承诺对他们的个人和机构信息进行匿名处理。尽管本书的作者没有亲自进行访谈（我们依赖的是伊丽莎白·安德森·沃登、尼克·戈齐克和安东尼·科利哈的娴熟技巧），但通过从2011年到2014年的多轮转录检查和编码，我们对访谈资料如数家珍。斯坦福大学的博士生杰西·福斯特在2011年至2013年期间是我们团队的一员，他为我们的编码方案做出了重大贡献。纽约大学的博士生乔恩·弗里德曼（Jon Friedman）从2011年起直到本书完成期间帮我们做了大量的分析工作。这本书从头到尾都是一个集体项目。

6

下面简要介绍一下本书的主要内容。

第一章简要描述了历史上美国大学对世界其他地区的三种主要建构方式。美国学术机构的成员长期以来一直怀有国际化的抱负，但这些抱负通过相当不同的方式折射出来，涉及对他人的认知以及美国在全球秩序中的地位感知。随着美国的学术规划者通过实际的行政决策将他们对世界的一系列愿景铭刻在大学之上，大学内部生态系统的复杂性与日俱增。新职责与旧单位并驾齐驱，新功能在旧职能之上层层叠加。随着时间的推移，大学的知识生产机制总体上变得更加复杂了。

第二章考察了"区域研究"的起源，因为我们把它们作为冷战的产物来进行研究。区域研究是现代化理论的科学/知识运动（Scientific/Intellectual Movements，SIMs）的组成部分，它们的顶尖学术先驱为社会知识的生产获得了联邦的稳定资助，这些知识可能为美国的全球外交政策提供信息。尽管现代化项目的雄心壮志几乎没有实现，但其更长远的遗产包括了在整个美国学术界中，专门用于生产应用性的和/或与政策相关的社会知识的学术单位。

第三章描述了研究型大学中文理学科核心知识生产的一般组织

架构。其基本设计很简单，就是将学术单位进行一种二元化的区分，包括拥有终身教职评定权、博士培养项目和自治权的院系，以及在规模和形式上差异很大的非院系。非院系有许多名称：研究所（institute）、中心（center）、计划（program）、论坛（forum）和项目（project）是目前常见的名称。非院系的数量和种类以及创建更多非院系的便利性是美国大学组织的复杂性和活力的根源。

第四章详细介绍了将学术子单元联合在一起的合作机制。在我们研究的每个大学中，关于共同赞助重要性的强大惯例使得院系和非院系都能够集中资源以追求共同目标。这种通力合作的项目文化对于非院系而言尤其重要，因为它们的预算、声誉和持久性通常比享有院系地位的单位更不稳定。稳定的院系、灵活的非院系以及它们之间广泛共有的合作方式，三者的结合是美国大学知识生产机制的核心。

在第五章中，我们考察了为什么美国的基于学科的社科学者如此一致地忽视对美国以外的世界地区的研究。在这里，我们特别认真地听取了经济学、政治学和社会学系的系主任们的意见，他们解释了研究那些中心地带（heartland）学科问题的博士生以及培养此类学生的院系如何更容易获得学术地位上的回报。由于中心地带的问题绝大多数是在北大西洋沿岸国家的背景下定义的，以学科为基础的声誉和招聘流程系统地导致了经济学、政治学和社会学领域的区域本位主义。

最后，我们展示了美国学术界"全球"话语的兴起是如何与学术资助、大学声誉体系和国际政治经济的根本性变迁共同演变的。美国的顶尖研究机构现在只部分地服务于国家意义上的美国。这一事实对那些以学术知识生产为业的人具有重要的影响。

第一章
美国大学眼里的世界

从大学的定义来看,它是知识的宇宙,即已知知识的全部。这种
自况对学术机构的管理者来说是一大挑战。任何高等院校的基本规
划任务都包括:决定如何对全部知识进行概略估计,以及决定专家学
者的选择、安排和相互交流。[1] 在此,我们考察这种自况的一个方面:
随着时间的推移,美国大学是如何将世界其他地区的知识折射到当代
的。我们想知道大学如何组织有关美国以外事物的研究和传播任务。
本章将概述历史上美国大学为实现这一任务所采取的三种主要方式。

我们还提出了一个新颖的论点:大学是日积月累的组织。他们
保存着这些事物:终身教职教师、职能部门、科研项目、图书馆和博物
馆的藏品,以及生产知识的整套方法和机制。当今世界,管理者和诊
断专家们都在鼓吹灵活性、缩小规模、甩掉包袱和放手的优点,因此
这种日积月累的趋势显得十分特别。尽管如此,大学对积累的偏好
仍在继续,随着时间的推移,它们的组织变得越来越复杂。这种不断
累积的复杂性对知识生产和学术生涯特征的影响是本书的核心关注
点之一。

为了了解大学的领导者和学者们在历史的不同时期如何理解世
界其他地方,我们从认知科学的学者那里借用了"图式"(schemata)

的概念。图式是"表示对象或事件的知识结构,并在信息不完整的情况下提供关于它们的特征、关系和内涵的默认假设"[2]。就像拼图游戏盒子上的图片一样,图式让人们能够将知识的碎片组合成一个连贯的整体。我们可以把对世界其他地方的学术研究想象成一堆不断积攒的拼图。图式是人们有意无意带有的一组预先存在的假设、想法、观点或原则的集合,它使学术规划者能够将这些研究置于或多或少具有连贯性的知识和组织设计中。理解世界的图式提供了无数学术决策所依据的默认假设。它们常常被包含在明确的表达中,并在这些场合微妙地体现出来:例如当教师和筹款人为了大学"需要"但还没有的东西进行争辩时;当院长和教务长为某些特定教师或捐赠基金为何被"归为"一类的决定进行辩护时;或者当年轻学者根据"某领域的发展方向"进行职业生涯规划时。图式让原本令人生畏的复杂性得到了简化,并使其适合在特定地点和时间以实际的组织表达方式得以应用。[3]

在美国高等教育史上,关于学术领袖们如何看待大学与世界其他地区之间的关系,有三种基本的图式。一是文明图式,它将大学定义为关于其他地方和人民的知识和文物的宝库,可以为年轻国民的教育提供有用的信息。在这个图式中,世界其他地区被建构为一定数量的独立和有界的文化、语言和/或民族宗教传统。二是国家图式,它将大学定义为美国政府在全球地缘政治野心中的顾问。在这种图式下,世界其他地区被建构成由聚集在学术和政治关注的"区域"中的民族国家组成的马赛克拼图。三是全球图式,它将大学定义为普世的、无国界的世界性机构。在这种图式下,世界其他地区被建构成一个由人员、资本、思想、商品和服务的流动组成的复合体,通过无数的跨界合作使大学受益。

　　在提到这三个图式时我们用了现在时态,因为尽管它们出现的顺序有先后,但没有哪个较早的图式随着后一个图式的出现而消失。随着时间的推移,这些图式和它们的组织构件不断积累,形成了一个复杂的内部生态系统,就像珊瑚礁一样。虽然每种图式的引入都可能以关键的历史事件为标志——分别是美国的成立、第二次世界大战以及冷战的结束,但图式之间的转换并不是干脆利落的。相反,随着时间的推移,图式和它们的各种组织形态在大学中不断累积起来。

　　表 1.1 对我们在随后几页中将要阐述的论点进行了小结。　　10

　　我们认识到,我们的讨论建立在一个宏大的分析尺度上。我们既没有足够的空间,也没有丰富的专业知识来全面描绘这里涉及的大量的历史演变。我们的目标是提出社会学者吉纳维芙·祖布尔茨基(Geneviève Zubrzycki)所说的"当下的历史社会学",即对与当下制度安排密切相关的过往特征的批判性认识。[4]

表 1.1　美国大学见识世界的三种图式

	世界中的美国	资助人/客户	关于世界其他地区的知识生产	组织构件
文明图式	雄心勃勃的国家	地方精英和慈善家,州立法机构,公民政府	多样文明,异域他者,文化区域,以及假定一致的文明传统	图书馆、博物馆、文明专家、研究所、研究计划、旅行
变革动因:第二次世界大战和冷战;创建一个良好的民主现代性的国家抱负				
国家图式	两极化世界中的超级大国	联邦政府,基金会	现代化,科学/测量,安全,赋权;政治、语言、文化和地缘上被假定为半一致的国家和地区	区域研究,比较政治,区域人类学,发展社会科学,留学,国际学生群体

（续表）

	世界中的美国	资助人/客户	关于世界其他地区的知识生产	组织构件
变革动因:冷战结束,全球一体化,国家高等教育长期预算危机,表征危机*,"9·11事件"				
全球图式	多极世界中焦虑的超级大国	外国政府,公司,世界各地的捐助者	多元主义/多重声音,区域问题,假定的混杂性,流动性,复杂性,不一致性	互惠协议,卫星校园,研究伙伴关系,全球项目主任,全球客户服务

11

教化他人和我们自己

当我们谈到文明图式时,我们指的是 18—19 世纪的美国教育家如何从连贯的历史遗产和地理上相邻的文化区域的视角看待世界。这种图式既是帝国主义的知识工程的结果,同时也是它的推动者。帝国主义将现代欧洲想象为历史演变的顶峰,同时也是观察世界其他地方的阿基米德支点。[5]约翰·维林斯基详细阐述了 19 世纪的各种教学资料如何形塑了欧美公众对世界的看法,即将世界分为原始的和文明的,或曰东方和西方。博物馆、公园、地图、百科全书、巡回展览、动物园和植物展览的作用都是"教育人们的眼睛按照帝国主义的视角来划分世界"。[6]在与世界其他地区的交往中,美国大学做了很多同样的事情。

鉴于美国建国时对帝国主义的反感以及美国大学在建立初期的区域本位主义,这种说法似乎有些自相矛盾。[7]在共和国成立初期,国

---

* 表征危机(crisis of representation),指 20 世纪 80 年代以来西方学术界对于语言符号、文学艺术、学术理论等能否再现真实与真理的反思思潮。

会拒绝批准托马斯·杰斐逊(Thomas Jefferson)提出的建立国立大学的建议,而是将高等教育的任务留给各州和地方社区。美国人民以极大的热情承担起了这一责任。宗教多元化意味着每一个基督教传统和教派的领袖都想创建学校来发展自己的信仰,培养自己的接班人。西进运动为学校的创建带来了额外的激励,边疆的商人和公民领袖建立了大学,以表明他们的地方作为一个国际化的终点正在发展和崛起。许多学校的名字——例如罗切斯特大学、密歇根大学和加利福尼亚大学——清楚地反映了它们创建的首要目的是作为地方的标志。

然而,即使早期的大学是宗教性和地区性的,它们创立的使命都包括对学生和当地社区的文化熏陶。这意味着对远方的他者进行生活和知识上的教导。早期的大学领导和教师们视自己为文明的守护者和教导者,这些文明体现在语言、文学和哲学文本以及艺术作品之中。他们设计了按类别和时代划分的语言和历史课程。课程目录和图书馆陈列用古罗马、奥斯曼和远东文明等来命名。即使在南北战争期间与赠地运动共同发展的有关科学和服务地区的新观念兴起,在对世界其他地区的关注中,美国学术领袖仍然保持着作为文明档案保管员和文明导师的核心使命。

美国大学的课程以英国和德国的传统为范本,继承并延续了欧洲殖民主义时期形成的知识分类体系。学术领域根据欧洲人发现的异域来进行明确定义,如东方研究、埃及学和人类学,培养的是将世界划分为特定的、有界限的文化的思维方式。正如迈克尔·肯尼迪和米格尔·森特诺(Miguel Centeno)所言,远古文明有其自身的文化逻辑,这一观点塑造了"我们界定相似性和差异性,甚至想象空间和时间的方式"。[8]文明图式认为文明是真实可感的,其蛛丝马迹皆可经由专业教师、图书馆藏品、文物展览、对原住民的访问以及经验丰富的旅行者汇集并呈现于当地的学术组织之中。

事实证明,这种图式非常持久。它甚至在 20 世纪美国大学学科院系的根本性重组中幸存了下来。这个过程我们将在第三章中详细讨论,它涉及本科专业和学术性协会互利发展,最终围绕主题性的抽象概念来组织教职员工的劳动力市场。艺术和文学的研究开始由按照语言、时期和体裁划分的院系来组织。曾经被称为"政治经济学"的社会研究领域则分属经济学、政治学和社会学的职业和知识范畴。[9]尽管新的社会科学隐含着并且主要是对美国社会的关切,但文明图式通过专门研究其他学科的院系和各种学术单位得以延续:欧洲语言和历史,人类学、考古学和古典学系,以及东方研究所。许多这样的单位一直保留至今。

为国家服务

民族国家作为理解社会的主要和预设框架由来已久。爱德华·萨义德(Edward Said)等人展示了欧洲民族国家的建设——从国内生活到经济的各个方面——如何依赖于海外帝国的维护。[10]二战后,随着最后几个殖民帝国的瓦解,世界上的其他国家开始被称为"新兴国家""发展中国家"或"新独立国家"。文明图式在美国学术生活中失去了主导地位,尽管它所孕育的学科和研究议程依然存在甚至蓬勃发展。

对于社会科学来说,二战后的几年是至关重要的。他们发现了一种组织区域调查的新方法,即后来被称为区域研究的方法,以及一种新兴的明确概念,即大学是为国家服务的机构。这两种现象都与美国(有时被称为"第一个新兴国家"[11])作为霸权大国的崛起、苏联的军事崛起以及"第三世界"作为冷战博弈舞台的出现有关。[12]我们称之为国家图式,因为这一观念的拥趸将大学想象成美国政府及其在世界范围内更远大抱负的顾问。[13]尽管19世纪一些最负盛名的学校也明确承诺过为国家服务——主要是通过培养大学生努力打造一个国家的领导阶层,但大多数大学主要还是专注于在世界大战期间为他们所在的地区服务。[14]1945年后,情况发生了巨大变化。在战时动员期间,政府不断追加研究合同,加上具有历史意义的《退伍军人权利法案》(GI Bill),让大学的教室里挤满了从战场上归来的退伍军人,这些都使得学者们对为国家服务的价值的全局性认识稳步增长。[15]许多学者急不可待地接受了新角色,担任美国在冷战时期世界事务中的顾问,并从美国军方和盟国政府机构的稳定资助中获益。[16]事实上,对于世界各地的社会知识生产的当代走向而言,这一时期是如此重要,因此我们将在第二章中详细阐述。

　　两次世界大战改变了美国在世界事务中的地位,并促使美国公民改变对远方他者的看法。服兵役和海外战争的新闻意味着外国区域在普通美国人的生活中变得更加重要。对于学术界而言,国际问题成了一个广阔的前沿领域,对这些问题的研究可能会得到政府资助。由于科学家在战争期间为国防事业做出了巨大贡献,联邦机构继续将大学视为专家知识的重要来源,可以在和平时期为国家安全服务,并通过对外国地区的"开发",为美国在全世界的国家利益服务。乔治·斯坦梅茨指出,"从二战开始到20世纪60年代,军事来源占据了社会科学资金的最大份额"。[17]在这一时期,大学对"看不见的政府"越来越重要,它们通过与各种社会机构的合作,使美国的国家机器变得庞大而分散。[18]在随后的几十年里,为了支撑广泛的国防和外交事务,联邦政府继续对大学投入大量资金。

对学术界而言,这是一个令人振奋的时代,对应用社会科学知识进步价值的信奉,在此时得到了激励。利用稳定的政府资助,大学的领导者们急于为他们的机构在世界事务的安排中寻求新的角色。不过,并不是所有人都对政府和大学之间的关系强化持积极看法。社会学学者 C. 赖特·米尔斯(C. Wright Mills)尖锐批评了他所认为的社科学者在与政府、军队和私营部门的客户合作时放弃学术自主性的不负责任行为,并警告说:"如果社会科学不自主,它就不能成为一个对公众负责任的事业。"[19] 1951 年成立的社会问题研究学会(Society for the Study of Social Problems,SSSP)旨在对抗主流社会学向科学主义和服务于联邦政府的转变,明确提出了一种可能保留该学科批判性优势的替代运动。[20]但是,许多社科学者欣然接受了为国家服务的转向,他们签约成为各种军事和政府机构的顾问,并为政府机构担保的大型国家和跨国数据集定量分析的声誉提升做出了贡献。[21]

在国家图式下,关于世界其他地区的知识有两大用处。首先,它提供有关世界特定地区的战略情报,服务于美国政府的国家安全需要。在二战末期,研究苏联的学术专家已经接受了他们的新角色,即历史学学者大卫·恩格曼所说的"教授顾问",为华盛顿的精英们提供外交政策决策方面的建议,同时他们仍在自己的校园里从事教学科研工作。[22]他们中的倡导者夸口道:"'新社会科学'将塑造战后时期,就像原子物理学塑造战争本身一样。"[23]冷战的爆发使人们对关于东欧的学术知识的需求更加迫切,这促使联邦政府和基金会追加资金,以支持一个全国性的区域研究专家队伍。在 20 世纪五六十年代期间,专注于外国地区的研究议程、教师招聘、研究所和研究项目都大幅增加。[24]

其次,在国家图式下,学术专长被寄予了逐步改善人类状况的期望。在冷战早期,这种期望以现代化理论为旗帜,以科学/知识运动的形式出现,迈克尔·肯尼迪和米格尔·森特诺恰如其分地称之为"有史以来最引人瞩目的国际主义项目之一"。[25]它关注的范围既包括美国和欧洲这些工业化的"第一世界",也包括被称为"第三世界"的全球广大地区,它们的困境包括粮食短缺、贫困、基础设施薄弱、政治体制脆弱和种族冲突。现代化理论的基本信念是,只要投入得当,任何国家都可能最终发展成为一个民主的、工业化的、相当繁荣的民族国家。[26]随着资本主义市场的中心地位的确立,整个计划还需要让新生的国家远离苏联的势力范围,将政治和经济目标紧密结合起来。将现代化和发展建构为社会进步的线性进程,使美国的倡导者们能够将自己的努力与之前的殖民主义及其关于统治者和被统治者之间的等级主张区分开来,同时也使美国学术界能够将自己的国家置于良性发展的顶峰。[27]正如比约恩·维特罗克(Björn Wittrock)所言,现代化理论鼓吹将美国视为"衡量其他国家成功或失败的标准"。[28]肯尼迪和森特诺写道:"虽然这是在解释其他社会可能如何变迁,但它也与美国本身及其对美好社会的看法有关。"[29]去殖民化的进程、20世纪社会科学的乐观主义,以及冷战冲突的长期反复无常,这几股力量的结合使社科学者关于现代化和发展的思想在20世纪50—60年代盛行。[30]

政府通过现代化项目为美国的全球情报和世界影响提供资金,加上学者们自己的雄心壮志,使美国大学在20世纪中叶成为官方的国际知识中心。通过从事政府资助的研究,为联邦机构提供指导,并为未来的政府官员提供学术训练,大学的领导者们可以相信他们同时为国家和世界其他地区的发展利益服务。正如我们将在第二章中回顾的那样,在这种背景下,联邦资金催生了 1958 年《国防教育法》,并因此诞生了我们将要研究的美国大学中的区域研究中心。

在 20 世纪 60 年代,由政府和私人基金会资助的以第三世界的发展为研究对象的学术项目不断增加。同时,对这些项目所服务的外交政策的批评也在增加。许多人会注意到两个转折点,一个是卡默洛特计划(Project Camelot)丑闻,这个军方资助的社会科学项目被披露具有镇压叛乱的目的;另一个就是越南战争。[31]对学术国际主义服务于各国及其进步的乐观主义态度在 20 世纪 60 年代末开始消退,就像它在二战后兴起的速度一样快。社科学者们逐渐认识到,世界上的政治、经济和公共卫生问题比早期现代化理论设想的要复杂得多。依附理论和世界体系理论*批判性地指出了工业化的欧洲和北美与世界其他地区之间的根本性剥削关系,促进了对现代化理论基本信念的深刻反思。[32]现代化是谁的现代化? 它在任何地方都是一个可行或可取的目标吗? 冷战早期高歌猛进的现代化话语,开始与批判性回顾以及替代性和多元现代性的新理论共存。[33]

然而,来自政府和基金会的资金至此已经改变了对世界各地区的研究。现代化的倡导者和批评者都从区域研究的资助中受益。在这一时期发展起来的学术事业、教学和研究项目以及整个知识领域都延续了下来,甚至在构想美国大学与世界其他地区关系的第三种图式兴起之后依然如此。

16

---

* 依附理论是国际政治经济学的一个理论流派,认为发展中国家与发达国家之间是一种依附和被剥削的关系。依附理论为发展中国家特别是拉丁美洲国家实施进口替代的工业化政策提供了理论依据。世界体系理论可以视为对依附理论的发展,认为劳动分工将世界分成中心、半边缘地区和边缘地区,解释了资本主义生产方式下全球范围内的等级剥削秩序。

走向全球

当我们谈到全球图式时,我们指的是一种看待大学的方式,即将大学定义为国际客户和资助人的枢纽以及价值创造者。与之相伴的是对世界的理解,即通过思想、商品和人员的流动,世界越来越紧密地联系在一起。尽管全球图式的相对年轻使我们不得不在叙述时保持谨慎,但全球图式似乎在 20 世纪 90 年代美国学术史上四大发展的结合点上凝聚起来:冷战的结束;政府对大学运营和研究的资金平衡;大学之间争夺学生、捐赠者和声望的竞争加剧;以及一场人文学科和人文社会科学的知识革命,这场革命破坏了"他者"的本体论稳定性。所有这些发展都处于一个更广泛的背景下,即数字技术极大地提高了信息交换的速度,并使地理上分散的学术关系能够以新的方式进行。

20 世纪冷战的结束对美国研究型大学变革动因的重要性再怎么强调都不为过。这一事实直到最近才被充分认识,毫无疑问其部分原因是今天的学者仍然栖身于冷战几十年里政府对高等教育慷慨资助所建立的组织基础设施中。现在被认为理所当然的研究型大学的构成特征大多是过去那个时代的产物。联邦政府资助的大规模基础研究项目;远远超过联邦拨款 50% 的管理费用;国际外交政策学院和研究所;与联邦机构的日常性人员交流……所有这些都是大学和华盛顿之间复杂契约的遗产,同时也是冷战的一部分。那是美国高等教育的黄金时代,这让它的受益者更加难以承认它的逝去。然而事实是,20 世纪 50、60 和 70 年代政府投入资源的稳步增长和毋庸置疑地向大学流动的趋势在随后的几十年里不复存在,尽管许多受人尊敬的学术领袖对此感到震惊,但这样的趋势不太可能很快恢复。[34]

17

与此同时,联邦政府正在重新商讨其与大学在研究方面的财政关系,州立法机构也在修订对公立学院和大学的基础设施和学生教学的支持条款。这在一定程度上是社会学学者艾萨克·马丁(Isaac Martin)所称的"永久的抗税"(permanent tax revolt)的结果:在 20 世纪的最后几十年里,美国公民的纳税意愿和州政府的征税能力长期萎缩。[35]其他一些变化也助长了州政府对公立高等教育支持的停滞或削减。飞涨的医疗保健和公职人员退休金费用,持续增长的监狱人口和伴随而来的各州监禁开支,婴儿潮一代的老龄化,他们的生活优先事项改变了自己作为选民发挥政治影响力的方式……所有这些都使高等教育资金成为州预算中更易被取代的部分。[36]

作为回应,大学已经开始从更远的地方寻找新的收入来源。[37]在知识产权法变革的推动下,他们找到了与私营企业合作的新途径,以此支持基础和应用研究并分享专有知识的经济回报。[38]公立大学热衷于招收外州学生,收取大幅提高的学杂费,并将其收入用于补贴其他项目。[39]利用美国高等教育在海外长期以来的声望,公立和私立大学都大幅扩大了对富有的外国学生的招生规模。[40]它们还提高了每个学生的学杂费,致使四年寄宿制的高等教育成本在数十年内惊人地急剧攀升。[41]

这种对新收入来源的探寻推动了全球图式的兴起。大学领导者继续声称他们的机构服务于所在地区和美国联邦政府机构,因为后者仍然是前者重要的收入来源。但是学术机构的筹款人几乎不会把自己局限于地区性或全国性的客户。他们现在积极寻求私人企业、外国政府和世界各地富裕家庭的资助。[42]

多个学术领域的三重知识性发展进一步推动了全球图式的兴起。首先是认定塑造全球秩序的经济力量发生了质的变化。金融化、跨国公司的增长、工业生产的空间分布……所有这些都伴随着贯穿和超越民族国家的治理模式。[43]第二个涉及"他者"在北美和欧洲学术研究中的位置。也许最突出的例子是爱德华·萨义德对欧洲中心知识的里程碑式批判——《东方主义》（*Orientalism*）。自 20 世纪 70 年代以来，一系列学科的学者对欧洲和北美学者如何"异质化"整个人口和文化群体展开了详细的批判，尽管前者声称要发现和描述后者。意识到学术研究与欧洲和美国的全球帝国主义项目有关，引发了许多人文学者尤其是被界定的知识分子危机。许多激增的论战可以归结为一个单一的、棘手的问题："我们"研究"他们"所涉及的政治利害关系是什么？[44]

第三，人文社会科学的学者开始把自己的研究对象建构成流体和网络，而不是静态的对象。例如，对于欧洲、美国或拉丁美洲的传统专业，历史学者发展了一个新的研究领域，称为"大西洋世界"——通过海上交流相互关联的民族和地区之间的紧密关系网络。[45]后来被称为全球化理论的版本，提倡将金融资本、人员以及文化思想的跨国运动在跨越国家和地区边界的分析中置于首要地位。[46]

历史的变迁影响了知识分子。正如 20 世纪中叶欧洲殖民主义的消亡和新的主权国家的建立促使学术界批判性地审视文明图式，1989 年柏林墙的倒塌和随后的苏联解体，也引发了政治战略家和学术界关于如何管理"民主转型"以及如何组织"自由"世界市场的全球治理的新论争。"9·11 事件"发生后，学界领袖和政府官员对中东研究的地位和优先级非常担忧，尤其是在美国大学校园中。这些现象都对区域研究计划的建立前提提出了疑问。艾滋病、气候变化、脸书（Facebook）、"伊斯兰国"（ISIS）……所有这些都基于严峻的现实，不局限于任何一个国家的主权或地理边界。在这样一个新世界

19

里,把一个地区指定为研究对象或把民族国家指定为主要分析单位又意味着什么呢?[47]

我们可以这样总结这三种图式的遗产。文明图式将世界其他地区定义为一片异国情调的领域,学术研究可以收集这些地区的知识和物品,通过学者和精心选择的对象来呈现。国家图式将世界其他地区定义为一系列问题,这些问题有可能通过系统性、应用性的学术研究来解决。全球图式将世界定义为跨国学生和教师穿越的流动复合体,而伟大的大学为之赋能。

珊瑚礁

在美国学术界,文明、国家和全球三种图式是层累的而不是重复的。新的思考世界的方式及其随之而来的组织策略层层叠加,形成了复杂的考古学。这种累积意味着今天的大学保留了许多过去的痕迹,即便它们的领导人正在为未来而建设。[48]

我们的一位同事建议用一个有机隐喻来描述这种累积。可以把一所研究型大学想象成一座珊瑚礁:由处于不同发展和衰败阶段的生物组成。新生命并不会完全取代过去的生命。相反,随着整个生态系统的发展,较老的实体为较年轻的实体提供支持和帮助。尽管这几乎不是任何理性规划的结果,但整个实体仍然具有完整性、连贯性,甚至具有美感,因为它随着时间的推移维持着智识生活和人们的生计。[49]区域研究中心是我们调查的重点,是学术组织形式如何在这种环境中持续存在的生动例证。在一个特殊的历史时刻构思的区域研究项目,仍然是美国学院构建世界区域研究的内部生态的活跃组成部分。

20   一位资深国际事务官员这样说道:

（这所大学）是为数不多的真正横跨全球的机构之一。它严肃对待冷战中的区域研究任务，建立了基本覆盖全世界的研究中心和研究所。因此，有趣的是，我们要么应该为自己的巨大成功感到欣慰，要么应该为我们在一个旧范式下运作的事实感到悲哀。

当我们的访问者追问旧范式是什么意思时，这位官员以一种有趣的矛盾语气继续说道：

它的意思就是区域研究，即冷战时期的区域研究范式。我认为我的任务显然是利用区域研究所能提供的最好的东西，但明显的警告是，大多数从事这方面研究的人不会……相信区域研究的首要意识形态，首先是因为冷战结束了。事实证明，这种当时强加的有用的地理划分似乎并不那么适用，至少在当今世界是这样……因此，结果是（我们单位）正在努力推动的大部分是跨学科、跨领域的研究。

在我们研究的所有大学里，文明图式的痕迹都很明显。它们可能在古代语言和文明史研究的课程和项目的持久性中表现得最为生动，但也出现在区域研究人员所表达的信念和工作实践中。例如，一所大型公立大学的俄罗斯/欧亚研究中心主任认为：

我的项目在更大的共同体中，特别是在我们地区有一个使命，因为我们确实是南方唯一的后苏联（研究中心）之一。我们真的是为这个地区的斯拉夫研究院系服务的。

他继续说道:

> 我确信我们的角色对我们的学生来说是绝对必要的,他们中的许多人认为美国的边界在埃尔帕索(El Paso)和阿马里洛(Amarillo)就结束了,仅此而已……没有理由去别的地方……我只是致力于这样一个信念,即他们至少能获得一些关于这一覆盖了地球六分之一面积的地区的信息。

尽管他身处的组织单位是冷战的产物,这位主任解释他的工作时,部分还是基于一个古早的想法,即把一个遥远地区的痕迹带到他所在大学的物理环境中。

21　　文明图式也存在于从遥远的地方收集和展示实物文物的长期投入之中。在另一次联合访谈中,这位研究中心主任和他的助理自豪地谈到了一个正在进行的与中亚有关的收购项目。主任指出,他经常鼓励在该地区旅行的教师把东西带回来:

> 主任:除了常规的旅行资金外,我们还会给他们少量的钱,如果他们同意收集一些实物,可以装进我们的外联工具包——我们的文化包,这样他们就可以带一些衣服、纪念品之类的东西,我们会把这些东西放在小学和初中的外联计划中。
>
> 助理:例如蒙古包里的地毯……
>
> 主任:没错。
>
> 助理:我们现在有一个蒙古包……

　　主任:……我们买了一个蒙古包。

　　助理:……在校园里,所以我们在里面放置了一些文化元素。

　　主任:没错。我们正在尝试装饰它,这是一个美式蒙古包,但它的形状是正确的。一些来自吉尔吉斯斯坦的学生告诉我们,从蒙古包的大小来看,我们会被认为是一个非常贫穷的家庭(笑,然后像导游一样说话):"这是一个非常小的蒙古包,这是一个极其贫困的家庭。"但我们正在尝试至少按照中亚的风格来装饰它。

　　两人接着描述了他们如何在全年的活动中展示蒙古包,称其为精彩的外联工作。"你知道,人们会过来问'这是什么''这个帐篷是什么东西'?我们会制作关于蒙古包是什么东西的传单,就像你说的,里面的地毯等都是正宗的,都来自中亚。"

　　中东研究学术组织的演变为学术活动的累积性特征提供了一个鲜明的例证。中东研究是我们经验研究的核心焦点,特别是因为该地区在当代地缘政治中的突出地位,使它在整个2000年代中期关于区域研究项目的论争中处于前沿和中心位置。公众对中东地区的兴趣上升,全国新闻里充斥着关于伊拉克和阿富汗战争的报道。我们曾预期,国家图式可能在中东研究的学术组织中特别突出,然而我们发现这些项目同时隐现着三种图式。

　　中东研究的文明图式以近东研究项目、人文和历史系的专业教师,以及令人惊叹的书籍、手稿和其他历史文物的收藏形式显著存在。中东研究中心的主任们往往本身就是人文学者或历史学者,他们在访谈中援引这些资产作为其大学学术实力的证据。他们反复谈论各自的研究中心在教育公众方面的作用,这与文明图式关于创造智识公民的强调相呼应。"我认为现在是一个非常重要的时期,让人们了解(这个地区),而不仅是他们从新闻上听到的,不仅是这几年来众所周知的那些糟心事,"一位中东研究中心的成员说道,"我们的首要目标是让人们了解我们认为重要的事情,也是为了我们的国家和世界的未来,我认为这很重要。我们早该如此。"她接着表示,如果美国人对该地区有更好的了解,近代史上的一些悲剧事件可能会有不一样的结局。

研究中心的主任们继承了文明图式的概念,即研究他人可以教化自己,他们经常提及自己作为启蒙教育者的角色。另一家中东研究中心的主任说道:

> 坦率地说,向美国公众普及更多更深入的理解是有益的。这不是因为"我们要知道如何更好地消灭他们",因此我们需要知道如何用阿拉伯语、波斯语和土耳其语说"举起你的手",以及"别动,否则我们会用机关枪扫射你们"。我们不需要这种知识。我们需要深入的知识……我们注定无法回避这些地区,特别是南亚和中东地区。所谓"注定",我指的是直面发生在中东和南亚的残酷的、对抗性的、每年成千上万人被屠杀,因为在我们一生的大部分时间里,阿富汗、中亚和中东部分地区将断断续续地进行战争。如果我们能通过深入了解他们,帮助他们避免、改善甚至在理想情况下制止最糟糕的事情发生,我们就是在为人类和这个国家服务。我说完了。

在提到这一教化义务时,研究中心的管理人员经常提到他们对

特定选区的职责。另一家中东研究中心的主任解释说,他认为他的研究中心服务于三个"圈子":

> 第一个圈子是为大学社区服务……第二个圈子是为当地社区服务……第三个圈子是为全国服务,我们尽我们所能为更广大的、官方或非官方的美国社区,提供有关中东的信息和对中东的思维方式。

23

另一位中东研究中心的主任则认为,他的部分职责是"用第六编项目的资金来教育人民,培养有教养的、有智识的公民。有教养的、有智识的公民需要知道如何批评,所以当我们想批评时我们应该有能力这样做,但我担心的是我们是否有权利这样做"。他接着解释说:"是的,这是一项由联邦资金支持运营的项目,但我们认为,教会人们如何保持批判性是我们国家责任中非常重要的一部分。"

《高等教育法》第六编资助的中东研究中心有明确的义务服务于"国家利益",无论美国联邦政府如何给其以官方定义。中东研究中心的工作人员很清楚他们有义务为政府的工作做出实质性的贡献。他们经常提到,他们通过对学生的正式培养为美国的国家政策生产和应用知识。"这个国家对阿拉伯语有巨大的需求,这是在国土安全部的推动下,在伊拉克战争的推动下,在许多事情的推动下,以及在知道这方面有需求因此想要学习这门语言的孩子们的智识推动下形成的。"一位主任说道。其他人则谈到了外语的战略价值,特别是与联邦政府资助他们的动机有关。在一次联合访谈中,另一位主任说道:"当谈到第六编时,他们希望我们思考:'我们给你这笔钱,我们从这笔钱中得到了什么回报?'"他的同事回答说:"你得到了一群会说战略语言*的人。"

一所顶尖私立大学中东研究中心的副主任谈到了如何在政府部门找到工作：

> 大学外面的人肯定有这样一种观念：如果政府资助中东研究项目，那么这些项目应该培养出积极为美国利益服务的人，无论"美国利益"是如何定义的。举一个非常具体的例子，它影响了我所做的一些事情，因为作为硕士项目的主任，我组织了这些职业工作坊，并且我确实做出了更多的协调努力，让政府机构给我们的学生介绍工作。因此上个月联邦调查局的人来了，国务院的人也来了……我现在正在尝试让中情局的人也来，因为……我个人对这类职业的看法如何是无关紧要的，但事实上，如果我们有学生对这类工作感兴趣，我想帮助他们。

24 除了本中心的贡献之外，这些研究中心的工作人员有时还会建议，他们所在的大学也可以向国家服务的方向做出让步。中东研究中心的主任，也就是上述工作人员的上司，建议在最近的中东冲突之后改变院系招聘的优先次序。"每个人……都知道这是一所在国际上享有盛誉的大学，在中东成为美国外交政策主要焦点的时候……政府学系里却没有人教授中东政府或伊斯兰政治……你只能进行有限的搜索，所以你需要确定优先级，有一段时间中东不是政府学系的优先事项，现在它是了。"

---

* 战略语言（strategic language），即对美国的外交与安全具有战略价值的语言。美国国防部每年会发布"战略语言清单"，清单会列出具有较高优先级的语言，针对这些语言进行培训和测试，以满足美国的战略需求。

第六编项目拨款中隐含的大学与政府之间的服务关系并不总是让研究中心的人们满意。这在一所大型顶尖公立大学的中东研究中心主任就政府情报的普遍能力所做的简短评论中可见一斑：

> 情报界的一个问题是，他们对该地区的了解没有深度。这是模型驱动的、公式驱动的，假设每个地方的每个人都以某种方式行事，以为你可以把一个模型从一个国家输出到另一个国家，却对其语言、历史和文化一无所知，而这些本应都是分析的一部分。当然，他们也需要其他工具。一旦他们出去工作，他们可以在工作培训中得到很多。但他们不会了解关于民族主义、国家形成或独裁政权的更广泛趋势。他们不会在国务院或中央情报局的工作中学到这些东西。而在这里，他们能学到所有这些。而关于如何在网络中追捕恐怖分子的详情，他们将在那里学习。

一所顶尖私立大学的副校长对政府资助者的短视发表了这样的评论：

> 你知道，如果15年后哈萨克斯坦爆发了什么颠覆性事件，有人会尖叫："为什么我们没有会说哈萨克语的人?!"我们只能说："哎，因为你撤走了哈萨克斯坦项目的所有资金。"

即使研究中心的生计依赖于联邦资金，中心的工作人员也很难设想官方的国家利益和优先事项与他们自己的一致。

他们也不认为所有与区域调查有关的学术活动都是通过区域研究中心进行的。我们的受访者生活和工作的大学都是金玉其外的机　25

构。他们因其五花八门的项目、拜占庭式＊的交叉补贴、相互矛盾的使命和无政府的治理而声名狼藉。[50]它们的确是组织上的奇迹，但无论是珊瑚礁还是研究型大学，恐怕以理性来形容都不太合适。因此，研究中心的主任们经常使用"非常独特""不寻常"或"复杂"这样的词来描述他们与其他单位的行政关系的特点，或者他们与其他大学在目标地区的项目只有松散的联系——如果有的话，这并不让我们感到惊讶。正如一位中东研究中心主任所说：

> 如果法学院要在海外建立分支机构，我怀疑他们是否会邀请我们，当然，在各地建立医疗基地的医学院对我们也毫无兴趣。他们不会想到，我认为这可能就是世界全球化运作的方式。我的意思是，你坐飞机去迪拜，你到了以后住在喜来登酒店或其他地方，你不会认为你有必要关注当地人的烦心事。我们可能曾经扮演过文化中介的角色，但我认为这种角色已经不复存在了。

在拥有无数花样繁多和不断变化的项目的大学里工作，研究中心的工作人员并不会理所当然地认为他们会成为学术规划者的首选。曾经被想象为属于区域性特定计划的现象可以用新的方式界定。一所大型顶尖公立大学的资深国际事务官员告诉我们，他的目标是将与中东研究相关的传统话题"去中心化"："例如，从某种意义上说，外行会认为去中心化地研究伊斯兰似乎很适合中东研究，但我们都知道，这并不确凿。"他强调，对伊斯兰的研究往往是在中东研究

＊ 拜占庭式（byzantine），在英语中一般用来指复杂、神秘而死板的制度、组织或观念。

中心的范围之外进行的,并反思该大学的方法"不是只关注中东,不是只关注激进伊斯兰,而是从全球比较的角度来观察整个事情"。

小结

归根结底,美国学术界的区域研究最引人注目的地方,可能是其多重遗产的混搭。区域研究采取了多种形式和定义,随着时间的推移,大学与联邦政府和其他资助人的关系也在变化。正如我们在随后的章节中将看到的那样,如今他们彼此之间对资源和声望的竞争日益白热化。在文明图式和国家图式下建立起来的组织能力和思维方式,在我们现在这个正式的"全球化"时代依然存在。冷战对当下的学术界来说尤其具有决定性意义,正因为如此,我们花了更多的篇幅来回顾区域知识演变的关键几十年。

第二章
何为区域研究？

文化和历史的事实难免影响我们对自身未来的判断。对于那些漫无目的的东拼西凑，那些文明的碎片和补丁，历史学家再也无法抱有迷信的虔敬了。他会比其他人更清醒地认识到将构想灌输进不成形的产物中的障碍，但至少在思想上，他不会屈从于宿命论的默许，而是想象着一个拨乱反正的理性方案。

——罗伯特·罗维（Robert Lowie）[1]，1920 年

借用人类学家罗伯特·罗维的话，在文明的大学看来，世界的其余部分是由他者的"碎片和补丁"组成的"漫无目的的东拼西凑"，因为学术的目的而聚集在校园里。然而，早在罗维的时代，一种理解世界的不同方式的种子已经种下，也就是"一个拨乱反正的理性方案"。到 20 世纪中叶，现代化理论成为界定关于他者的知识的主要手段，其国际发展和国内安全的指导目标将关于世界其他地区的知识生产界定为一个基本上一以贯之的国家服务项目。现代化理论的倡导者将学术抱负、慈善协调和政府授权有力地结合在一起，构建了一种新的学术基础设施，这种基础设施将延续几代人的时间。

在 20 世纪的前三分之一时间里，美国大学出现了社会知识生产
的核心机制的整合：学科的划分和巩固。[2]出于对美国社会的强烈关
注，经济学、政治学和社会学应运而生。这些社会科学的界定主要针
对国内问题：工业化、移民、城市变化和"社会卫生"（social hygiene），
以及现代资本主义制度的发展。[3]在二战前的几十年里，对世界其他
地区的学术研究，以及对美洲原住民等"他者"的学术研究，在很大程
度上被归为对人类学和东方研究所表述的古老文明模式的拥护，二
者都有各自的学科界定，但很少与社会科学进行对话。然而，在二战
期间及其后，许多经济学、政治学和社会学学者对美国以外的世界给
予了新的关注，努力将研究其他地方的文化、语言和历史的文明路径
合理化。在冷战期间，为安排大部分此类工作而设计的组织架构是
跨学科中心式的"区域研究"（非院系，我们将在第三章中讨论），其
专门用于将社会科学专业知识应用于美国国界以外地区的发展。

　　由于区域研究的组织架构对大学今后如何推动社会知识的生产
具有决定性意义，我们提供了区域研究项目在 20 世纪中期联合起来
时的概貌。我们努力利用了大量的二手文献，以及塞特尼·沙米在
社会科学研究理事会任职时支持区域研究方面的经验。针对本章标
题提出的问题，我们给出了三个答案。首先，区域研究是现代化理论
这一大规模科学／知识运动的组成部分。这场运动有赖于踌躇满志
的学者、鼓励社科应用的公益机构、美国国会、多个联邦机构和几届
总统政府的群策群力。如果脱离这场运动，我们所审视的区域研究
就不可能被正确地理解。其次，从冷战时期开始，区域研究就一直是
一个有争议的学术项目，它立足于两个夹缝中，即抽象知识与具体知
识之间、大学与国家之间。这种复杂的处境是影响许多区域研究专
家如何看待自己在美国学术界地位的关键因素。最后，在美国联邦

28

政府的资助下,区域研究创建了跨学科中心的组织模式。这是现代化项目的持久遗产,也是当下大学规划者手中不可或缺的工具。

一场科学/知识运动

社会学学者斯科特·弗里克尔(Scott Frickel)和尼尔·格罗斯(Neil Gross)将科学/知识运动(SIMs)定义为"面对科学界或知识界其他人的阻力,为追求实现研究计划或思想项目的集体努力"。他们接着指出:

29

> SIMs 的核心是一个或多或少具有连贯性的科学/知识变革或进步计划。无论如何概念化和实施,这些计划都涉及将思考或研究成果转化为思想和知识,这些思想和知识在知识界广泛传播,受到审视和争论,被一些人接受,被另一些人拒绝,它们从被认为可信或真实的过程中产生。[4]

弗里克尔和格罗斯发展了 SIM 的概念,将社会运动研究的见解与思想社会学相结合。虽然我们在这里的概括视角很难对现代化理论作为一种社会/知识运动做出学术上的公断,但我们相信,对我们的研究而言,SIM 的概念是理解区域研究项目创建的有用框架。SIM 的概念大体上与不断增长的关于冷战期间大学的历史文献相吻合,我们的简要介绍也主要来自这些文献。[5]

通过一战和二战期间与美国军方的咨询往来,美国的社科学者们意识到政府对学术事业的资助能有多大的分量。心理学家在寻找对军队有用的方法方面表现得尤为出色。他们通过开发许多有关战时个人适应能力的测试工具、战时人力资源管理工具以及战后的"复员"工具而获得了丰厚的利益。[6]虽然经济学、社会学和政治学的学者们也从与战争相关的服务合同中受益,但直到二战结束和冷战的最初几十年,联邦资助才对这些学科的发展产生了决定性影响。[7]

社会科学研究理事会(SSRC)绘制了世界各区域的社会科学研究组织蓝图的大致轮廓,这是一家总部位于纽约的公益机构,成立于1923年,其明确目的是将学术专业知识用来制定明智的公共政策。从一开始,SSRC就通过一个"委员会"的结构开展工作,专家小组负责指定研究调查的实质性范围,并从政府和私人机构获得资金。首届SSRC负责调查"种族间关系,人类迁徙的科学层面问题,以及美国宪法第十八修正案(禁酒令)"。[8]二战结束后,SSRC雄心勃勃地扩大了任务范围,包括鼓励美国社会科学研究,以便为美国的全球政策提供信息。这正是将区域研究作为社科学者的科学/知识运动的开始。[9]

1947年,SSRC出版了地理学家罗伯特·B.霍尔(Robert B. Hall)富有影响力的《区域研究:特别是对社会科学研究的影响》(*Area Studies: With Special Reference to Their Implications for the Research in the Social Sciences*),该书由SSRC的"世界区域研究探索委员会"(Exploration Committee on World Areas Research)资助。该书提出需要进行广泛的教育改革,以消除学术界对世界各地区的无知。SSRC于1942年成立了"拉丁美洲研究委员会",随后于1949年成立了"斯拉夫和东欧研究委员会"和"南亚委员会",1959年成立了"当代中国""近东和中东"以及"非洲研究"委员会。但是,对区域研究的未来影响最深远的是"比较政治学委员会"(Committee on Comparative Politics,CCP),该委员会于1954年由哈佛大学的政治学家彭德尔顿·赫林(Pendleton Herring)和普林斯顿大学的加布里埃尔·阿尔

30

蒙德(Gabriel Almond)共同创立,后者是普林斯顿大学国际研究中心的创始人。

用冷战历史学者尼尔斯·吉尔曼(Nils Gilman)的话说,比较政治学委员会"帮助形成了关于现代化理论的新兴学术共识":

> 这些学者将现有的学术领域即对传统大国政治制度的比较研究,转变为致力于理解后殖民世界的政治与工业化世界的政治之间有何差异的领域。为此,他们将为比较政治学建立一个新的理论基础,其中借鉴了哈佛大学社会关系系(Department of Social Relations at Harvard)关于现代性的本质以及国家实现现代性的过程的理论。[10]

比较政治学委员会和SSRC的其他地区委员会,是将少数顶尖社科学者的抱负与美国联邦政府的强大能力和全球影响力结合起来的更大努力的一部分。毫无疑问,哈佛大学是20世纪中叶北美的学术中心,也是这一行动的主要场所。正是在那里,一个以社会学家塔尔科特·帕森斯(Talcott Parsons)为中心的社科学者网络开展了一项长达数十年的研究,旨在建立一个连贯的现代性理论概念,以及一个研究其进展的经验研究项目。他们的工作包括创建了一个跨学科的社会关系院系,以及一种令人信服的思考20世纪社会变迁的方式,它后来被称为现代化理论。

31　　　一般而言,现代化理论认为,西方工业化国家以外的民族国家如果能够从处于现代化进程后期的国家获得丰富的资源和专业知识,那么他们可以在经济和政治发展方面取得更快的进步。理论社会科学被认为是这一努力的关键,因为对发展的适当引导,需要将现代化作为一种普遍现象进行严格的理论化,以及对特定社会的变迁进行系统的经验研究。现代化理论的学者继承了进步主义改革者的乐观主义和科学主义,这些改革者在 20 世纪初对美国社会科学的创建起到了重要作用,并建构了相信理性探究可以改善人类状况的持久的启蒙信仰。但现代化理论的学者对这些传统做了两个关键的补充。首先,他们将现代性概念化为一个过程的结果,这个过程可以借助系统的证据进行经验观察和比较评估。其次,他们努力将自己的科学/知识运动与美国联邦政府的地缘政治目标结合起来。在学术和公益理想与地缘政治不确定性的奇特结合中,现代化理论具备了知识和国家安全项目的双重面向。

联邦政府支持现代化运动的动力很大程度上可以追溯到冷战初期,那时美国因为缺乏足够的有关苏联的情报而陷入窘境。1948 年,中央情报局有 38 名苏联问题分析员,其中三分之二的人不会说俄语,只有一人拥有博士学位。[11]随着美国与苏联的地缘政治紧张局势加剧,一个由政府领导人、私人基金会和包括美国学术团体协会(American Council of Learned Societies , ACLS)在内的全国性组织组成的联盟开始集思广益,设法推动关于世界各地区的知识生产,以拓展美国对外国地方和人民的专业知识。与此同时,苏联正在投身于建立一种完全不同的社会进步构想,并将其向新兴的后殖民国家输出。[12]

到了 20 世纪 60 年代,现代化理论成为美国在通常被称为"第三世界"或"发展中"世界的外交政策的指导思想框架。许多不同学科的追随者都在各自的专业领域内接受了现代化理论。[13]思想史学者迈克尔·莱瑟姆(Michael Latham)这样总结道:

现代化不只是使政府行动具有正当性的一种修辞策略。闭门决策材料和公开的解释之间的高度一致性表明,它也是一个概念框架。现代化塑造了具体的实践,并阐明了人们对于美国的本质、其道德责任及其引领全球变革的能力的广泛共识。它根植于社会科学话语、外交政策机构和文化表现形式之中,承诺加速世界的"进步",这需要美国的资源和开明的指导。[14]

冷战期间政府对世界特定地区社会科学调查的支持,是这一社会/知识运动的直接结果和持久遗产。

最初通过 1958 年《国防教育法》授权,《高等教育法》第六编为旨在孕育区域专业知识的研究中心提供了第一笔联邦资金。[15]这些资金是由 SSRC 与卡耐基、福特和洛克菲勒等美国主要基金会协调努力之后提供的,用于培养事关美国国家安全利益的世界地区的专家。在几年内,作为 1965 年《高等教育法》的一部分,第六编项目获得了持续的资助。它的任务依然不变:培养世界各地区、世界事务和国际研究方面的专家。其中语言和文化知识被置于核心位置。现在已知的区域研究计划的存在要归功于第六编。[16]

第六编在全国各地的大学校园创建了国家资源中心(National Resource Centers , NRCs),负责提供有关世界各地特别是苏联阵营的学术指导和语言培训,也涉及拉丁美洲、非洲、南亚和中东。[17]NRCs 的创建坚定地确立了区域调查作为美国境外地区教学和研究的广泛方法,并为社科学者系统关注非西方世界提供了持续的组织支持。在很多早期的倡导者看来,由 NRCs 支持的区域调查具有整合"传统"和"现代"社会研究的潜力。与早期的关于文化单线演化的文明概念相呼应,现代化理论将非西方世界定位为与西方处于相同的现代化轨道上——至少在某种程度上拥有民主化、工业化、世俗化和消费主义的共同前景。在这一愿景中，美国被视为比西欧老牌民主国家更可靠的向导。正如社会学家西摩·马丁·利普塞特（Seymour Martin Lipset）1963 年出版的《第一个新兴国家》（*The First New Nation*）一书的封底所言："美国是第一个成功反抗殖民统治的大的殖民地。从这个意义上说，它是第一个'新兴国家'。"[18]

NRCs 把世界划分为明确指定的国家和地区。这些资源中心的存在本身就鼓励人们将其研究范围内的专业知识视为特定背景，例如"关于"东欧、东亚、非洲和拉丁美洲。在这一点上，NRCs 体现了一种来自文明图式的区域连贯性的假设。然而，在比较政治社科学者的塑造下，分析的单位不是文明及其领土，而是民族国家及其主权能力。此外，对特定民族国家的研究往往在"区域"分析中被略去：印度往往被当作南亚的模拟，对俄罗斯的研究等同于对苏联的研究，埃及、土耳其或伊朗（取决于学者自身的参考群体）可能会代替中东。核心和边缘是在每个"区域"内建构和讨论的，而"区域"和"地区"的定义倾向于在民族国家的本体论假设之下进行。

虽然这并非本研究的重点，但如果我们没有注意到区域研究领域之间的重要差异，那便是我们的失职。这种变化一定程度上与冷战期间某一特定地区对美国国家利益的战略重要性有关。有关苏联和拉丁美洲的研究对美国的外交政策都很重要，但方式截然不同。冷战期间区域研究的学术先验条件对其随后的演变也具有决定性意义。对于中东和南亚研究（通过梵语）而言，文明研究是它们的重要遗产，但对拉丁美洲和非洲项目而言，其影响就小得多了。受到欧洲殖民主义潜移默化的影响，人类学的研究方法在非洲研究项目中相对更常见。每个区域研究的领域都在与自己过去的幽灵和当下的地缘政治需求做斗争，从而衍生出不同的选题重点、学科布局和方法论偏好。

一个有争议的学术项目

在不同的学术传统之间,在大学与国家之间,区域研究及其专家长期面临着知识、政治和组织层面的不确定性。[19]尽管冷战期间第一代社科学者都从各自学科中最被认可的高度上对区域调查提供支持,但没过多久,现代的批评者就批评以区域为重点的调查过于描述性、非理论性,更偏"软科学"。[20]正如马克·泰斯勒(Mark Tessler)和他的同事所说,区域专家与学科通才之间正在进行的论争的核心是,"社会科学认识论,也就是说学者构建世界主要地区政治、经济和国际关系知识的范式是什么或者应该是什么"。[21]社会学学者约翰·李(John Lie)说得更直白:"社科学者基本上轻视作为特殊主义知识库的区域研究",而区域研究学者往往针锋相对,认为"喜欢大而化之的社会学或经济学学者就是些粗人,对抽象概念的关注使他们弱化了对具体现实的把握"。[22]我们将在第五章中详细讨论专业学科与区域研究之间的紧张关系。

更广泛地说,思想史学者认为,对现代化的批评之声几乎与这场运动本身来得一样快。现代化的支持者经常会因其种族中心主义或与美国军事目标的共谋(甚至比共谋更恶劣)而受到学术批评。[23]作为政府资助的事业,区域研究从一开始就具有明显的政治性。在20世纪60年代美国军方资助的旨在研究平叛策略和革命运动的研究项目"卡默洛特计划"之后,研究拉丁美洲的专家首先遭受了反对的声浪。[24]越南战争期间,研究南亚的专家也遭受了类似的对待。最近,中东研究面临着大量的公众批评,特别是来自许多政治右翼人士的批评,他们指责中东研究学者不够爱国或未能预测激进伊斯兰恐怖主义的出现。[25]

最近的学术研究详细探讨了这种争议是如何在中东研究中发挥作用的。[26]"9·11事件"、伊拉克和阿富汗战争以及基地组织和伊斯兰国作为全球恐怖威胁的出现,深深地影响了该领域当下的走向。为了实现美国国家安全的目标,政府对中东研究的资助重点发生了变化,教学和科研受到了更明确的激励。一些相互重叠但不太具有地区针对性的研究领域随后出现:安全研究、恐怖主义和去极端化研究中心,以及重新定位的伊斯兰研究。

正如我们在方法论附录中所详述的那样,本书所涉及的更广泛的项目聚焦于世界上的四个地区:俄罗斯/欧亚、南亚、中东和中亚。中东研究是我们的核心焦点,部分原因是其至今仍是最具争议和最政治化的领域之一。作为一个学术领域,中东研究受到来自内部和外部的持续紧张和批评的困扰。在内部,中东研究学者批评该领域起源于文明图式的研究路径,以及大学院系和博物馆藏品中的东方主义和殖民主义遗产。正如我们在第一章中所描述的,文明图式下的研究组织架构并没有被取代。相反,冷战时期区域研究能力的建立是与它们并驾齐驱的。

从地区调查的角度来看,将冷战结束时的国家图式与"9·11事件"之后的时期进行比较是很有启发性的。最初,苏联研究因为没有"预测"到柏林墙的倒塌而首当其冲,中东研究则因没有"预测"到"9·11事件"而受到非议。苏联研究经历了一段混乱时期,当时"研究苏维埃控制下的国家和领土的社会、文化、政治和经济制度的学者群体的存在受到质疑"[27],或者更明确地说,"苏联学(Sovietology)处境艰难"[28]。那段时期终于过去了。到了20世纪最后一个十年的尾声,这一学术共同体进行了重组,最初被叫作"后苏联研究",之后在东欧、欧亚大陆、俄罗斯和中亚等各种不同组合的描述

35

性话题下,情况变得更加尴尬。2010 年,该地区的主要区域研究协会从美国斯拉夫研究促进协会(The American Association for the Advancement of Slavic Studies, AAASS)更名为目前的斯拉夫、东欧和欧亚研究协会(Association for Slavic, East European, and Eurasian Studies, ASEEES)。

不过,直到大约 2010 年之后,联邦政府对"后苏联"领域的资助才开始枯竭,尽管"9·11 事件"之后,人们普遍认为资金已经开始从俄罗斯/欧亚方向转移到中东方向。这种看法并非完全基于现实,尽管资助的结构确实发生了重大变化。早在 20 世纪 90 年代,由美国国务院管理的资助该区域研究和培训的重要项目"第八编"就将波罗的海国家从该地区的定义中去掉了,因为这些国家已经"成为"欧洲的一部分,而东欧国家在联邦资助中的优先级也开始下降。资助的重点和征集的优先领域开始稳步向中亚和俄罗斯方向转移。

因为身处两个实质性紧张关系的夹缝之中——学科和地区之间以及大学和国家之间,那些区域研究的从业者一直深感有必要捍卫自己在学术界的地位。本书其他章节所依据的田野调查,就是在区域研究作为美国大学组织世界知识的主导范式逐渐衰落的几年中进行的。此外,在我们的访谈进行期间,"9·11 事件"及其对政府资助地区调查的潜在影响在许多受访者的脑海中还记忆犹新。很多人重申了国家对安全研究和世界特定区域专门知识的需求。关于如何使用联邦资金来推进这些知识的讨论,甚至是激烈的辩论,吸引了许多区域研究专家的注意力。从这个角度来看,许多访谈话语中强烈的感情色彩——玩世不恭、黑色幽默、听天由命和愤愤不平——就更好理解了。

一种经久不衰的组织形式

尽管存在这些制度上的紧张关系，当今美国每一所主要的研究型大学都仍然带有区域研究项目的痕迹：通过 NRCs，根据世界区域研究来界定的其他研究中心，或与区域专业化研究相关的人员队伍。最重要的是，区域研究项目带来了一种组织模式——研究中心，这将对当今的学术规划产生深远的影响。在第三章中，我们将讨论研究中心——或者我们称之为"非院系"的一般组织特征。在这里，我们先介绍《高等教育法》第六编资助的研究中心所做的工作。

NRCs 履行几项通常不属于学科院系的职能。我们在这里详细介绍其中的四个功能：语言培训、外联、对海外研究的支持以及对区域调查的普遍鼓励。

语言培训。第六编的中心任务是保障国家的外语能力。NRCs 是这项任务的执行机构。[29]它们统筹大学校园提供的大部分语言培训，经常聘请兼职教师以满足小语种的需求。很多时候，NRCs 也会协调更多注册语言课程的教学。他们为联邦政府资助的外语和区域研究（Foreign Language and Area Studies，FLAS）基金举办竞赛，该基金资助研究生在夏季的几个月里在海外机构学习语言，或资助研究生学习的全学年奖学金，包括在国内校园的外语培训。

外联。第六编对 NRCs 的资助带有明确的"宣传"任务。NRCs 被要求向地方、州和国家合作伙伴提供信息和/或咨询，特别是向所在地区没有 NRCs 资助的其他高等院校，以及商界、公众和中小学提供信息和/或咨询。[30]虽然外联本身的定义很宽泛，包括公共活动和社区研讨会，但第六编拨款的官方竞标优先事项的结果是将外联工作的重点引导到特定类型的活动上。例如，一些拨款竞标将对教师的培训、与教育学院的合作以及与 K-12 学校的合作列为优先事项。[31]
将通过工作获得的知识向下延伸到 K-12 学校,被认为是 NRCs 播种
关于世界各地区专业知识的整体使命的关键部分。NRCs 定期利用
教师和研究生开展暑期教师培训计划,提供课堂讲师,制定课程指
南,组织专业发展研讨会,并组织教师到目标地区进行海外研究。这
样日积月累的结果是,NRCs 已经成为"许多文本、参考语法和词典以
及课程材料和网站的孵化器,将关于地区、全球和语言的知识扩散到
全国各地的 K-12 机构、学院和大学"[32]。

学术流动性。NRCs 为师生们往返于目标地区的学术流动提供
系统的支持。[33]研究中心接待访问学者和驻访专家,提供的支持可能
包括协助办理签证和住宿,提供津贴,以及安排教学机会和办公场
所。NRCs 还与其目标地区的组织建立并保持正式的合作伙伴关系,
帮助促进海外研究和学生交流计划,包括实习、合作研究以及查阅档
案。NRCs 通过外语和区域研究基金和其他奖金资助师生的流动,用
于博士和本科生的研究、旅行和会议。

学术交流空间。NRCs 不仅是课程作业的虚拟集合和有关如何
度过海外时光的信息交换中心,也是对目标地区感兴趣的师生们聚
集在一起参加学术、文化和社会活动的实际场所。计划外的使用也
是必然的,学生和教师们都谈到了休息室、沙发和接待区作为互动场
所的重要性,这有助于他们的知识生产。[34]

NRCs 和其他区域研究中心的物理位置的安排没有一定之规。
有些被集中在一个更大的组织架构下的中心位置,如国际研究所或
国际研究学院,而另一些则被安置在彼此相距较远的建筑物中。作
为文明图式的长久遗存,这些空间通常装饰有象征其所在地区的物
品:来自中东的马赛克、来自墨西哥的瓷砖、来自非洲的雕刻以及来

自亚洲的挂毯。一些在校园中心的显著位置，另一些则在地下室或较为偏远的建筑中，其地址语焉不详，如果不专门赶去探寻，它们不太可能被人发现。NRCs 工作人员公开谈论了他们的物理设施如何表明他们的相对地位。[35]

小结

区域研究对美国学术界关于各地区的知识组织的影响，再怎么评估都不为过。伊曼纽尔·沃勒斯坦（Immanuel Wallerstein）指出，"1945 年后最显著的学术创新是区域研究的创建，将其作为一种新的机构类别来组织智力工作"。随着区域研究的学者们聚集在一起创建课程、指导博士生、参加学术会议，并在新的期刊上发表文章，他们创造了超越长久分歧的知识构建能力。他接着说："无论这种跨界交流的知识价值几何，对社会科学的组织影响都是巨大的。"[36]对此我们表示同意。尽管引发区域研究的科学/知识运动已经消退，但它所带来的组织形式依然屹立。[37]在学术资助人和规划者将跨学科视为"点石成金"之道的当代学术世界中，这是一份重要的遗产。[38]

第三章
院系和非院系

　　一所研究型大学汇聚了无数的愿景和抱负。教师们通过争取时间、空间、金钱、同事和学生来追求他们的目标。通常来说,教师总是想要更多:更多的研究经费、更多该领域的同事、更多的办公室和实验室空间、更慷慨的资助方案用以招收更有能力的博士生,以及更多的教学任务豁免。学术管理意味着设法给踌躇满志的教师赋予可用的资源,同时始终争取让资助人和学生从自己的捐赠、奖学金和学费投资中获得合理回报。[1]

　　一代又一代的社会学学者已经考量了学术管理在物理、自然和医学科学中是如何发生的,但直到最近,他们才持续关注人文社会科学中的类似活动。[2]这一点很重要,因为人文社科的学术生产功能是相当独特的。首先,这些领域的生产成本大大低于其他学术领域。与许多科学领域不同的是,一流的社会学或艺术史研究并不需要在昂贵的设备或大量博士后上投入巨资。[3]其次,物理、自然和医学科学在政府和产业界拥有财力雄厚的客户,而学术界之外对于人文社科学者的专业知识的需求则要小得多。他们不研发药品或机器。因此,对于人文社科领域的教师和管理者来说,学术成就的衡量标准——在顶级期刊上发表文章,以及博士生就业和本科生招生——

几乎是唯一的优先事项。最后,人文社科传承着美国大学象征性核心的傲然地位,构成了通常被视为博雅教育的大部分内容。一流的医学和工程项目可能财大气粗,但缺乏卓越的人文社科研究的大学很难进入顶级大学的行列。

2001 年,芝加哥大学的社会学学者安德鲁·阿伯特(Andrew Abbott)就人文社科这一学术核心的知识生产提出了一个令人信服的论点。他解释了在 20 世纪初学科建制和大学院系的"双重制度化"如何创造了一个非常持久的系统,用以区分不同的智力劳动、合理化学术劳动力市场以及组织大学教学。[4]尽管阿伯特的分析很有见地,但它只对发生在院系和学科之间以及之外的学术活动做了最初步的说明。我们在这里不仅是指,也并不主要是指那些被广泛讨论的跨学科的知识项目,也指大学建立的那些与院系毗邻的学术单位。为了体现我们对阿伯特的研究的继承和拓展,我们称这些单位为"非院系"。充分认识到大学生活中这些无处不在的特征,可以让我们对美国大学核心的学术生产及其政治有更加丰富的认识。

在以下内容中,我们首先简要介绍阿伯特对院系和学科的分析。我们同意阿伯特的基本见解,但也注意到学术知识生产理论的局限性,这种理论的前提是只把院系当作法定的大学单位。接下来,我们综合性地描述非院系——这是一种极度灵活且非常合理的组织手段,教师和管理者们长期以来用它追求自己的目标。由《高等教育法》第六编资助的区域研究中心是非院系的典型案例:跨学科、主题聚焦,并且能够随着环境的变化而扩展、收缩和再定义。

之后是区域研究中心的领导对他们这些非院系单位的实用性和脆弱性的解释。这些证言对于学术核心的复杂生产功能提供了有力的洞察。正如人们所预料的,非院系为学科学术成果的产生提供了大量的实践资源。但不明显的是,它们使大学能够处理学术声望体系中学科与客户服务之间的顽固矛盾。这种管理体制对学者的专业地位产生了重要影响。最后,我们阐述院系/非院系的二元关系是如何与学术身份联系在一起的。

院系与学科

将学术劳动划分为学科既不是必然的,也不是长期存在的现象。正如阿伯特和前人详细解释过的那样,今天所知的人文社科学科分野是 20 世纪初美国高等教育大发展的产物。那时候,美国学术界以及政界和产业界的资助人都渴望创建在研究声望上能与德国相媲美的机构。德国将大学作为启蒙教育者和知识生产者的理想受到了这个年轻国家的欢迎,这个国家乐观地相信它有能力创造或发现繁荣的未来。但是,德国大学的组织方式很难被美国人接受。它毫不掩饰自己的知识分子立场,传承着一种对学术的持久的文化虔敬,这种虔敬在一个由宗教反叛者和商人建立的国家中很难深入人心。美国人重视大学,是因为大学有助于培养高级官员和教师、提高农业产量以及解决边境问题。此外,德国大学等级森严,少数的资深教师对青年学者、研究项目和课程有很大的自由裁量权。尽管美国早期的几所大学曾有过短暂的尝试,但德国式的教师寡头政治在美国是站不住脚的,因为美国的学术治理从一开始就广泛分散在教师、富裕的慈善家和公共部门里的州立法机构中。[5]

尽管美国人羡慕德国大学所取得的学术成就,但他们也对英国以本科生为重点的住宿学院模式表示赞赏。把年轻的大学生们隔绝在拥有田园风光的地方,这种做法与许多美国知识分子继承的乌托邦式的宗教传统十分契合。早期的美国大学常常被想象成新世界和西部边疆理想中的文明之光。德国的研究型大学和英国的本科生住宿学院模式逐渐融合成一种美国特有的学术组织形式,是美国高等教育史的中心主题之一。[6]

正如阿伯特详细阐述的那样,美国人对本科生的关注以及他们对于学术实用性的追求,推动了一项特有发明的出现:大学专业。在美国,受教育意味着接受对学生及其所在行业、家庭和社区可能具有实用价值的知识教育。因此,在欧洲闻所未闻的领域中发展出了特定的学习课程:畜牧业、商业和家政学,它们与希腊语、拉丁语这些传统学科共存,并最终取代了后者。学术领袖们制订了功利主义的教学计划,以满足公众对实用性的期待,但他们也认识到围绕专业和学科组织的管理架构的其他好处。研究领域的聚焦可以更好地为特定领域的深入研究做准备。将完成特定的学习计划作为高级学术训练的先决条件,使资深学者的助手们能够更好地给他们提供帮助。大学专业体系的发展与美国高等教育中本科和研究生/专业层次的划分完全同步,这并非巧合。[7]

大学专业体系对国家的学术组织产生了深远的影响。第一,它使教职工的内部管理理性化。特定课程和科目的本科招生情况成为大学会计核算和人力资本配置的基本组成部分。管理者在学术单位内分配教职人员,从事特定学习课程的教学。第二,它使全国的教师劳动力市场合理化,因为各个学术单位招聘的新师资都接受过专门的学术训练。[8]第三,它使知识生产进入特定学科领域的过程理性化。寻求教职的年轻学者进入了按学科组织的劳动力市场,他们根据学科的分野积累专业知识并进行专门的研究。因此,诸如经济学、历史学、政治学和社会学之间的术语和方法论区分,使一度被笼统称为政治经济学的领域知识从复杂变得清晰。社会科学本身成了学科。[9]

42

　　大学专业体系的另一个结果是专业学术课程之间的内部竞争。因为院长和教务长至少在一定程度上是根据本科生的招生人数来分配教师职位的,所以很少有院系可以不去关注本科生的数量。尽管学科地位体系是根据教师的研究成果来论功行赏的,但地方的资源分配体系意味着院系领导也渴望更高的入学率和更好的教学评估结果。

　　正如阿伯特所解释的,上述这些过程都是相互依赖和相互加强的。大学专业的划分催生了大学内部特定的管理架构,这促进了学科的规范化和专业化,而学科的规范化和专业化又巩固了劳动力市场和部门竞争中的学科分野,从而进一步强化了学科内部的同质性。这些相互依赖关系如此存亡与共,在美国高等教育的制度结构中如此根深蒂固,以至于阿伯特称整个体系"几乎牢不可破"。[10]

43　　自20世纪90年代以来,国家和全球范围内的学术排名体系稳步兴起,进一步助长了这种趋势。学术领袖和资助人越来越多地依靠第三方的量化排名来评估特定学术项目的相对表现。几乎无一例外的是,这些排名都是以专业学院*和文理科学术院系**为二级单位的。评估者的分析单位不是商业、人文或社会科学的学术领域,而是

---

　　*　专业学院是指提供专业学位而非学术学位课程的学院,其目的是帮助学生为进入特定的职业领域做好准备。专业学院主要以实践而非研究为导向,提供全日制和非全日制的课程。常见的专业学院包括商学院、法律学院、教育学院、公共政策学院、工程学院等等。

　　**　文理科学术院系是指隶属于文理学院(school of arts and sciences)的各学科院系。文理学院通常是北美综合性大学中最大的学院,提供文理科的本科教育和研究生教育。与专业学院不同的是,文理学院主要从事基础学科而非应用学科的教学和科研。另外,liberal arts college也被称为文理学院(或博雅学院),但它们是提供文理科本科教育的独立院校。为示区别,本书将前者译为文理学院,将后者译为博雅学院。

商学院以及经济学或社会学系。这一事实促使管理者将学科院系作为其追求声誉的主要投入对象。[11]

　　阿伯特的分析是优雅的、简洁的、令人信服的。据我们所知，在知识社会学中它没有受到太多批评，并且深刻地影响了后来的学术研究，远远超出了我们自己的研究范围。[12]然而，它在经验上还不够完整。它是关于院系的，没有涉及其他许多学术单位，而这些学术单位在研究型大学的组织架构中比比皆是。它们的名称五花八门。研究所（institute）就是一个经久不衰的名称，例如，阿伯特所在的芝加哥大学有一所受人尊敬的东方研究所（The Oriental Institute of the University of Chicago）就使用了这个名称，它成立于 1919 年，主要研究古代中东地区。还有研究中心（center），它由第六编资助项目引入到常见的学术用语中，也是我们在本书中的主要研究抓手。项目（project）、论坛（forum）、网络（network）和实验室（lab）是近年来比较流行的名称，它们的庞大数量反映出这些单位在美国高等教育领域中无处不在。上述名称反映了所有这些机构的共同点——它们都不是院系。

　　要知道非院系是什么，一个好办法是想想它们往往没有什么：终身教职、博士培养和学术自治。三者中最明显的缺位是终身教职。

　　有保障的终身制是美国大学向德国学术模式的妥协，是由院系和大学根据学术产出给予的奖励。美国大学不想形成教师的寡头政治。相反，它们建立了"种姓制度"，终身教职教授就相当于"婆罗门"。毫无疑问，终身教职教师是任何一所大学里最有特权的公民。他们可以在很大程度上按照自己的意愿支配时间和其他资源。他们可以根据自己的需要或多或少地招收和培养博士生。也许最重要的是,他们在自身的代际更替中发挥着关键作用:通过在自己的机构中选择初级教师并对他们进行晋升评估,以及更广泛地在自己所在的学科中开展终身教职评审和培养自己的门生(*protégés*)。

由于院系在国内和国际上的声望与其学术上的继承者是同样重要的,所以大学投入大量资源来支持院系学科的博士生培养。这些都是文理科知识核心中的重要预算项目。众所周知,人文社科博士生攻读学位的周期十分漫长。[13]与此同时,学费、生活费和津贴都必须计算在内。与本科生奖学金资助不同的是,博士生资助的短期成本很难通过校友的捐赠来收回。尽管如此,顶尖学者还是要求大学承担学术再生产的成本。当下招聘优质师资以及期待培养优秀学生都需要对博士培养进行投资。因此,深谋远虑的管理者会对博士培养进行慷慨而战略性的投资。在美国研究型大学的文理学科部门中,学科院系几乎总是在博士培养经费的分配中处于优先地位。[14]

学科院系享有自治权,其权限仅限于教师的选拔和评审、课程开发以及教学科研,但这是大学生活的象征以及操作层面的核心。教师对学术任命和教学的支配权并不意味着他们需要单独执行这些任务。越来越多的行政人员和非终身教职人员承担了大部分工作。终身教师的正式权威使他们作为"婆罗门"区别于这一内部"种姓制度"中的其他人员。从根本上说,学术管理人员和讲师的工作正是根据终身教职人员的意愿安排的。[15]

阿伯特注意到,围绕鼓励学科学术研究而组织起来的学术劳动体系中有着内在的张力。美国一些优秀大学由于对实用性的承诺而受到公众的普遍尊重,接受来自公共和私人的资助,即便许多研究人员竭力规避研究现实世界的问题。正如阿伯特多年前解释的那样,学术劳动的衡量与声望取决于专家在多大程度上能够处理从混乱的经验环境中抽象出来的问题。[16]正如最权威的医生只处理那些疑难杂症(例如脑瘤和冠状动脉阻塞),而把病人的便盆和保险之类的琐事留给下属一样,最权威的学者也是如此,他们研究的是那些从背景环境中提炼出来的谜题。研究那些与现实世界保持联系的问题通常被学者们称为"应用研究",学科精英们对此的重视程度要比普通公众低得多。因此,大学的领导者和筹款人永远面对着一种冲突——既要为学科中的明星教师创造理想的工作条件,同时又要使受托人、捐赠者、资助机构和州立法机构相信对抽象研究的投入是值得的,可以获得有益的公共回报。

45

非院系与学科体系

　　大学处理上述紧张关系的关键机制就是非院系。表 3.1 是院系和非院系作为组织容器的简要对比。

　　只要简单比较一下表中两列之间的差异,就能清楚地看出为什么非院系对学术管理人员如此有吸引力。非院系可以产生并发展到不同成熟度的阶段,所需的试探性投资比各个院系运转所需的最少投资要多。而且由于没有终身教职的阻碍,非院系也更容易被撤销或自然消亡。与由第三方评判者进行排名和评级的学术院系不同,非院系很少接受外部人士的量化评估。它们可以被称为"优秀的""全国杰出的""最好的"或"独特的",而不会有在大众流行杂志上被反方向量化的风险。非院系在结构上的灵活性和对于排名的相对豁免,使得它们对于大学特别有用,例如可以让大学更容易管理自己的形象,以及利用好文理学科边缘的各种机会。

表 3.1　院系和非院系的比较

	院系	非院系
资源投入	教职序列(终身或非终身教职),博士生培养基金,行政预算,办公空间	讲师制,部分教职,行政预算,办公空间,礼品,捐赠,拨款(内部或外部)
产出单位	主题,课程,学位课程(学士、硕士、博士),同行评审奖学金	语言课程,学位课程(硕士),学术支持,活动,公共资源
治理方式	学术自治	多样化
成就体现	招生数量,学术发表/声誉,博士生毕业去向,项目排名	招生数量,教师参与,外部资助,举办活动,出席人数

46　　　　非院系处于公众与学科研究之间,是筹集资金的理想对象。所有有针对性的研究提案,无论是来自有特定投资组合的基金会、有特殊热情的个人捐助者或者政府机构,都可以由非院系来接纳,而不需要对院系的核心进行太多挑战。这正是第六编所设立的区域研究中心的目的。他们的目的不是挑战院系/学科架构,而是通过鼓励学术研究参与特定地方的现实问题而使之得到扩展和丰富。这些研究中心并没有取代各个院系,而是与它们并驾齐驱。这些中心是一个额外的学术层面,由财力雄厚且有声望的第三方——联邦政府资助。它们为文理科项目带来了更多的资源,而没有要求院系实质性地改变其核心管理和治理方式。

非院系不仅使大学能够在不干扰学科学术的情况下从周遭获取资源,而且也为学科事业做出了贡献。非院系主任和副主任的职位任命增加了可以在学科活动中发挥作用的人手。正如我们将在下面看到的,因为非院系工作人员的生存依赖于院系教师的配合,所以他们有一种迎合学科教师的制度性动机。

　　无论如何命名——中心、研究所、论坛、项目,它们都与学科院系一样遍布在美国学术领域中,尽管在过去几十年里,非院系的增长趋势明显上升。我们在 8 所案例大学开展的系统性的档案工作清楚地表明了这一点。图 3.1 描述了上述大学中致力于研究世界区域或特定区域文化(如东方研究)的单位的成立日期。

　　与我们之前提供的历史叙事相一致,在 20 世纪初,院系是开展关于区域和区域特定文化传统研究的默认组织单位。在冷战初期的几十年里,非院系作为开展区域调查的重要替代方案出现,然后在 20 世纪末成为以区域为重点的学术活动的主要载体。

　　在大学校内的学术生态中,非院系的效用离不开其强大的正当性。它们完全是研究型大学的自然组成部分。这种正当性得益于它们为具有创业精神的教师提供的巨大能力。

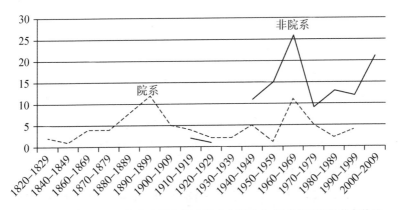

图 3.1　1820 年至 2009 年在 8 所案例大学成立的致力于区域调查的学术单位

　　注:基于乔纳森·弗里德曼和莫娜·萨格里(Mona Saghri)的原始档案研究,社会科学研究理事会,2014 年。研究方法和编码方案可根据要求提供。

要求一个院系的老师走这条或那条路可能极其困难,而一个非院系的名义上的负责人可以按照他喜欢的方式建立他的王国——只要他能从教务长那里获得必要的头衔和资源,并从内部或外部获得资金。所以难怪学术管理者经常为研究中心和研究所提供资金,以招募或留住顶尖学者。

如果说学科体系实际上是牢不可破的,部分原因就在于其多元化的组织结构,在这种结构中,学科院系得到一大群非院系的保护和支持。[17]非院系往往缺乏的东西——终身教职、独立的博士培养和学术自治——使它们在地位上明显低于授予终身教职的单位,而且我们认为它们从根本上依赖于这些单位。但是,我们很难想象美国的学术事业如果没有它们会是什么样。[18]

《高等教育法》第六编资助的区域研究中心是二战后美国大学非院系的典型例子。按世界地区划分的学术研究结构由来已久,然而,建立政府资助的研究中心作为区域调查的官方工具,是冷战期间学者、基金会和多个联邦机构特定的联合行动。[19]从它们的第一个实体出现至今,第六编资助的研究中心已经具备了非院系的所有标志性特征。它们是通常没有自己的终身教职教师和博士生的学术单位。它们的具体目的是为学科研究人员从事学术研究提供基本工具(如语言培训和研究支持),提供关于世界各地区的指南和有用的知识,以及增加公众的认知和理解。

因为我们的田野调查专门围绕区域研究如何与社会科学学科相联系的问题,所以对研究中心人员、院系教师和院长们的访谈使我们能够更广泛地考察院系与非院系之间的关系。在接下来的访谈中,我们将听到中心负责人讲述他们为支持文理科核心院系的学术活动所做的一切,以及他们在多大程度上依赖院系教师来维持中心的声誉甚至存在。我们不保证这些叙述中没有偏见。我们的任务不是对中心领导和其他学术人员的陈述进行事实验证,而是将其作为对中心和院系之间关系结构的一般性理解。我们发现,这些关系具有强烈的互利性,但同时又是不对称的。

为他们服务

第六编资助的区域研究计划创建的目的是给世界特定地区的学术研究提供实际的支持,旨在通过提供语言培训、研究旅行和专一的学术调查来为学术研究人员服务。事实上,我们发现这些中心在促进学术研究方面做了很多工作。中心主任们经常夸耀他们的贡献。一位俄罗斯/欧亚研究中心主任举了一个具体的例子:

> (一位人类学学生)在布达佩斯郊外的雕像农场上写了她的论文——在这个地方,所有斯大林主义的东西都被清理了,只剩下一些残余。她做了一些关于公共纪念碑的研究,我相信这是一篇非常有趣的论文,我们给了她一份外语和区域研究奖学金(Foreign Language and Area Studies Fellowship, FLAS),也许不止一份。当然,她在我们这里学了匈牙利语,还学了其他课程。

一所财力雄厚的私立大学的另一个东欧研究中心的主任更广泛地谈到了他的项目提供给学生的物质支持:

> 过去五年来,我们(这里)一直有在这一地区工作的博士生。他们会来参加活动,有时我们会给他们旅费。我们有相当多的经费用来支持学生的旅行。我想我们每年花六万美元在研究生

49　　的旅费上……我不知道确切的数字,(但)我们为本科生提供的
　　　旅费大约有 1.5 万或 2 万美元。我们还在暑期为本科生提供实
　　　习机会。我们有一个小型的人权项目,去年有两名本科生在俄
　　　罗斯实习。所以我想说的是,这一部分正在扩大。在我们的捐
　　　赠基金中,我们有专门用于学生旅行的资金。我们每年还要支
　　　持两篇博士论文的写作。此外,我们还为(本校)研究俄罗斯的
　　　博士生提供工作空间,他们想在这里有一张办公桌。基本上他
　　　们要做的就是提出要求。我想我们现在大约有八张桌子了。

　　正如无数博士论文的致谢部分所表明的那样,诸如此类的贡献
对学术进步意义重大。

　　第六编资助的研究中心也有支持"外联"工作的法定义务,即向
教育工作者和公众提供关于世界各地区的知识。这是区域研究项目
履行大学服务使命的重要方式。我们在此仅举一个例子——一所大
型公立大学中东研究中心的工作人员介绍的司空见惯的事情:

　　　我们收到了很多外联请求。(例如,一个当地的公共组织)
　　　有一个持续的系列讲座,他们的成员希望我们给他们出一些主
　　　意。"哦,有人想听伊拉克战争的事。你有合适的人选吗?"所以
　　　我们会给他们找一个会过去做这件事的研究生或者讲师,这就
　　　是(工作人员 A)将要开始做的事情,因为(另一位工作人员 B)
　　　一直在做这件事……我的工作就是找到这些人,给他们办签证,
　　　报销他们的旅费……

　　通过处理这类实践事务,中心帮助大学履行为公众知识服务的

正式承诺。[20]

相对于学科院系而言,研究支持和外联是研究中心的两个明确的因此也是明显的角色,但中心对研究型大学的组织生态还有其他一些不那么正式但同样重要的贡献。首先,它们的存在可以作为在竞争激烈的教师劳动力市场上招兵买马的工具。另一所公立大学的俄罗斯/欧亚研究中心主任(他本人是该校社会学系的资深成员)主动向我们提供了这样一个案例:

> 我们可以谈谈最近雇用的人。她是在 2000 年代早期被我们聘用的,在某种程度上,她刚刚跻身顶级学者之列,但我们确定她当时就知道我们(中心),在某种程度上是我们(中心)的吸引力使她选择这个地方而不是其他地方。因此,我认为一些院系在招徕顶尖人选时将我们视为资产。我们不会告诉他们,你应该选择这个人,因为她是做波兰研究的。相反,她会选择来(这所大学),因为这是一个与(我们)共事的机会。

精明的院系知道如何利用研究中心来吸引特定的人才。另一所公立大学的南亚研究中心主任提供了这样一则轶事:

> 有一天,计算机科学系的(某人)找到我们,说他们想招聘一名有印度背景的计算机科学家,而他碰巧在发展中地区从事低成本计算机方面的工作。所以我们立即召集了一群人坐下来(和)他聊天。

其次,研究中心为现在精心设计的教师评审工作提供人力支持和信笺抬头。这些贡献非同小可。随着学术评估变得更加具有精英化管理趋势，它需要更加正式的评估。职称晋升和授予终身教职的文件必须比以往任何时候都要充实，才能经受住评审的考验，还要用更多的仪式来确证其价值。[21]中心的工作人员经常关注这一评估机制并表达对该机制的官方认可。正如一所顶级公立研究型大学的政治学系主任介绍说：

> 当我们开始成立一个研究委员会时，必须有来自研究中心的代表，一个在研究中心而不是系里的成员。所以，首先他们要有代表……这保证了研究中心至少有发言权，甚至可能对我们决定提供职位的人有巨大的影响力。如果这涉及终身教职，或者如果我们正在评审某个与研究中心有协调任命的内部人员的终身教职，那么我们会就应该向哪些外部人员征求意见咨询他们。我们会要求他们准备一份评估信作为正式程序的一部分。诸如此类的参与，尽管不是持续的，但在那些至关重要的时刻，他们有举足轻重的表现。

正如我们将在下面看到的那样，即使研究中心对教职任命的参与度受到明确限制，中心人员也会为教师评估机制做出贡献。这项工作是我们访谈中心主任的一个共同话题，例如，用同一所公立大学中东研究中心主任的话说：

> 如果有人发挥了作用，即使不是最重要的作用，但他们为我们的学生做了一些事，或参与了外联活动等等，我就会代表他们给系主任写一封信，说，"在这个关键时刻，X 教授来了，我们依

赖于他或她对这件事的了解，这很重要，研究生们受益了，社区也看到了这一点"。我认为这会让人们觉得这是他们留住一个本就想要留下的人的另一个好理由。如果他们不想留下这个人，我不认为这能决定成败或者改变他们对聘期决定的看法，但如果他们想留下这个人，这就是一个锦上添花的东西，而且会得到他们的认真对待。否则人们不会一直问我。现在想到这些，过去三年里我就能想到五个，其实我做了很多。

最后，相对于我们所研究的大学的经济学、社会学和政治学等社科院系，区域研究项目看起来解决了学术研究人员的一大烦恼：硕士生的培养。不同于本科招生对教师队伍分配的重要性，也不同于博士生培养对教师队伍的再生产和声望的重要性，硕士生是文理科院系的主要收入和公共关系来源。硕士生通常是为了提升专业水平而攻读学位。他们对学术领域的兴趣从定义上就是偏"应用"的，他们攻读学位的时间不够长，因此无法产生可能在很大程度上为院系教师的学术目标服务的学术成果。所以，当我们得知在我们研究的美国 8 所一流研究型大学的 24 个社科院系中，只有 7 个有终端硕士课程*时，我们并不感到惊讶。相比之下，硕士课程是第六编资助的研究中心相当常见的特点。在我们研究的 8 所大学的 24 个研究中心中，有 13 个提供最终硕士课程。这也并不奇怪。第六编资助研究中心的任务就是使他们的工作更具实用性。区域研究项目使文理科院

---

　　* 终端硕士课程(terminal master's programs)，即在该领域能够获得的最高学位是硕士的课程。终端学位(terminal degree)为硕士的通常是一些应用性较强的专业，如工商管理硕士(MBA)、公共管理硕士(MPA)、法律硕士(JM)、工程硕士(ME)、美术硕士(MFA)等。

系与更大范围的公众建立联系的另一种方式是,为非学术专业人士提供对世界各地区进行类似研究的机会。

总之,中心将资源输送到大学的文理科院系,这些资源是学科院系自己很难引进的。只要这些资源对院系的教师有用,这些中心就会成为受欢迎的邻居。就像一家中东研究中心的一名工作人员所说的:

> 通常来讲我们似乎人缘挺不错的,人们喜欢听我们说话,他们知道我们是谁。一般来说,如果我给我们经常合作的院系打电话,他们就知道我是谁,我也知道他们是谁。我在这里工作的时间已经足够长了,我几乎认识我们来往的每一个人。我主要做的就是给他们钱(笑)。每个人都喜欢听到我的消息,因为这通常意味着我们会给他们一些钱,用于他们正在进行的项目、课程或者访问学者。

接受他们的服务

不过,好邻居的地位绝不意味着可以平起平坐。因为中心不是院系,所以它们只能部分地参与到学科教师的选拔和任命之中。此外,中心必须依靠学科院系来提供他们自己的教学计划所必需的学术课程。

我们的研究中心通常有聘请兼职讲师的预算,或者在最好的情况下,有多年的聘用合同,但它们很少有自己的终身教职。一位副主任说道:"中心永远不会有那么多钱来聘请教师,我的意思是聘请真正的教师。但我们可以聘请更多的兼职讲师。"一位中东研究中心主任说:"我们作为中心,在招聘和课程设置方面对(院系的)政策没有太大的影响力。"中心的主任们认为缺乏招聘能力是他们最大的行政限制。"最重要的是被任命或招聘到大学的教师",一位中心主任解释说。他接着指出,第六编"几乎完全没有涉及这一点"。

与阿伯特关于教师分配的观点一致,我们的受访者经常提醒我们,各院系至少在一定程度上是根据本科生的入学人数获得教师名额的,而且各院系几乎完全控制着教师职位的聘用人选。上述两个事实共同表明,中心在本质上依赖于院系来完成自己的工作。一位俄罗斯/欧亚研究中心的主任(他本人也担任教职)直言不讳地说道:"SCH,也就是学生的学分(student credit hours)……这所大学会计算有多少学生学分被记入(俄罗斯/欧亚)研究。""当这个数字达到三位数时,我们都很高兴。"他又说了一会儿,"第一年我们就说,'看,我们今年有 100 名(学生),这太棒了'。"另一所大学的中东研究中心副主任说:

> 像政治学系、社会学系和历史系都有 1000 名学生的核心课程,所有本科生都必须学习这些课程,因此这些系得到了很多经费。然而,像 NES * 或斯洛伐克这样的研究部门没有那些足够庞大的核心课程,我认为,财务状况确实影响了一些部门的待遇。

由于教职序列被安排在学术院系,中心人员通常在决策中处于边缘地位。一位资深国际事务官员这样描述她所在的区域研究中心

---

* NES,即北叙利亚和东叙利亚自治区(North and East Syria),也称罗贾瓦(Rojava),是叙利亚东北部事实上的自治区域。

与各院系之间的关系:

> 这很复杂,因为我们——区域研究或国际研究中心——都没有教师。所有的教师都是系里的教师,系里的自主权受到严格保护。因此,任何跨学科单位都能影响招聘的想法是不切实际的。

中心工作人员对教师事务的影响是有限的。"这些院系有很大的权力,他们有真正的自主权,"这位官员后来说,"所以我们只能诱导他们,我们不能真的强迫他们。"

中心的主任们很清楚这种情况。"我希望我们在与区域研究相关的学校任命中有正式的发言权,但我们没有。"一位中东研究中心的主任说。"我们是一个中心,不是一个院系……我的感觉是,我们的角色,我们中心在招聘中的角色,是作为一个顾问。"另一家中心的一位副主任说。正如一所著名私立大学中东研究中心的副主任所解释的那样,这种权力差异几乎决定了中心人员所做的一切:

> 我认为我们要想引导院系的需求是很难的……中心的需求要与其他院系的需求相一致。因此,如果中心觉得需要一名语言教授或受过这方面训练的人……他们必须通盘考虑其他院系的需求。其他院系可能需要其他领域的教授,或者要考虑他们的预算、他们的优先事项、每个院系内部的不同意见,以及院系的招聘方式。有的院系按地区招聘,有的院系按学科招聘,有的院系按需求招聘。中心有时不得不根据各院系的想法来调整他们的需求。因为中心不独立招聘。

54

即使在相对罕见的情况下,当中心确实为教师的任命提供了部分资金时,他们对结果的影响也要服从于院系的决定。例如,我们与一所大型公立研究型大学的南亚研究中心的系主任之间有过交流。当时,这所大学特别重视国际事务,这使得一些区域研究项目在一些终身职位任命上有50%的话语权,而且可以与各院系进行联合招聘:

访谈者:你对一个院系有多大的权力？比如经济系,即使你有一个五五开的职位,我想他们最终还是要批准那个人,如果他们觉得那个人不是——

主任:五五开就是五五开。

访谈者:真的吗？

主任:两个部门都要批准。

访谈者:嗯。

主任:他们能否决吗？是的。去年的一个具体例子是一个地理专业的职位,第一个人拿的是联合职位,这意味着预算在两个部门之间分配(原话如此)。

主任*:第一个人决定不接受这份工作,但地理系没有去找第二个对我们同样有价值的人——一个研究孟加拉国的人,而是单方面决定他们不想雇用这个人。就这样结束了。因此,委员会提出了建议。如果不是"A",那就是"B",如果不是"B",那就是"C",而委员会主席决定此事到此为止。没有给出理由。什么也做不了。就这样结束了。

访谈者:是的,好的。

---

* 此处原文为 interviewer(访谈者),根据上下文判断应为受访者即研究中心主任,因此更正。

主任:那么你有多大的权力? 这就像道德劝说,对吧,就像(美)联储试图告诉银行不要借钱给坏人一样。

55   我们访谈中的多数案例表明,即使是对招聘的这种程度的影响也是罕见的,因为大多数区域研究中心没有独立的职权来进行学术任命。一位拉丁美洲研究中心主任说:"这个研究所的问题是没有权力进行学术任命,事实上,我猜你们碰到的大多数研究中心也是这样。"他是对的。一所中东研究中心的主任说:

> 我所在大学的真正基石是院系,而院系是用学科术语来理解的。即使这些学科有一个区域研究的名称,我的意思是,真正重要的是学科功能,而不是区域研究功能。

在这次联合访谈中,同一中心的副主任发表了这样的看法:

> 我认为,在几乎任何学术机构中,院系而非学科的架构都不可避免地胜出。因为院系有权开设课程和聘请教职。中东研究中心或区域研究中心可能会也可能不会授予学位……但即使中心授予学位,在没有院系同意开设的情况下,它们也无权教授一门课程。我的意思是每一门课……每一门课都必须经过一个院系的审查,并通过一个院系提供。各院系有能力聘用教员,所以无论中心有什么议程,关于他们想要教什么或者他们想要聘用谁,这些事情最终必须符合各院系的自我定位。

中心主任通常支持大学的学科架构,即使他们希望在其中拥有更多的权力。"我的感觉是,一个院系应该就是一个学科,"正如贡献了上述引文的主任所说,"理想状况下,一个院系代表着某种学科结构。"同一所大学的一位资深国际事务官员说:

> 这是一个非常困难的问题,因为要搞区域研究确实需要社科学者,但社会科学学科不会以这种方式招聘。所以,我们所能做的就是间接地努力,但是……我自己是一名社科学者,也是一个院系的成员,我当然不希望区域研究中心告诉我们应该聘请谁。所以我对双方都很同情……其他人类学中的南亚研究者和我一直在策划引进更多的南亚研究学者,但我们必须让他们得到全体教师的认可,所以这是一个棘手的问题,我们一直在想办法。这是毫无疑问的(笑)。

56

踏破铁鞋无觅处

"这所大学的院系结构确实对我们形成了某种反噬,"前面提到的主任表示,"因为所有的兼职教师都必须在自己的系里履行职责,这实际上占用了人们相当多的时间。"这种人力资源组织方式的一个结果是,中心长期依赖于院系来填补中心的课程。中东研究中心的一位管理人员言简意赅地总结道:"我们有课程,但没有教师。"另一家研究中心的一位副主任说:"我要强调的是,中心本身并没有提供很多课程。我们依靠整个大学的教师来提供课程。"这一事实给中心带来了几个旷日持久的问题,其中最主要的是时间安排。另一所大学的俄罗斯/欧亚研究中心的系主任解释说:

我们无法控制各院系能提供些什么。我们就是不能。我们
什么也做不了。每一年,我们都会对即将毕业的研究生进行问
卷调查。每年他们都说,最大的问题是所有事情都安排在同一
时间。你就不能把这些协调好吗?答案是我们不能。我们是一
个跨学科项目,涉及几十个学院和系。即使在最好的情况下组
织起来也很困难,但在这种情况下,我的意思是我也不知道我们
能做什么……因为那些院系的管理员总是在最后一分钟把课程
塞进排期,如果他们提供的是政治学或其他什么课程,他们不可
能关心它是否碰巧与其他历史课程相冲突。

同一所大学的南亚项目主任说:

我们总是要做的一件事就是请我们的同事腾出时间来为我
们授课,因为他们的基本职责是对系里而不是南亚项目负责。
我们不得不缠着他们、求着他们,直到我们把核心课程和选修课
都排好……因为教师的晋升、教职和教学的主要责任仍在院系。

她还说:"我在这份工作中学到的第一件事就是谦逊。你去对同
事说,'求求你了,帮我上一门课吧'。这实际上是为了大学的
利益。"

不管他们取得了怎样的成绩,中心人员最终都依赖于特定人员
的善意合作和关系。当被问及我们称之为西部学院的中心和社科院
系之间的关系时,一位负责国际项目的副院长这样说:

副院长:我认为差异很大程度上只是取决于这些院系的特

定教师。你知道，如果一个中心有这些学科的教师，通常会有更多的参与。但事实并不总是如此，你知道，如果一名教师只是不想参与这类事情，那么你就知道你不太走运。

访谈者：所以听起来主要取决于个人和他们的个性，包括主任和院系中的个人。

副院长：我认为在很大程度上是这样的。我认为你们不能低估人格的特质。如果中心在为教师提供资金机会方面能说了算，并且在对其施加限制的方式上能说了算，比如说，我们真的有兴趣支持参与其中的人员，那么这在吸引这些教师开展工作方面确实会发挥一定作用。但是实话实说，有些教师就是不想参与进来。

对中心工作人员的访谈几乎确凿无疑地告诉我们，他们与院系教师的关系是不平等的。西部学院的中东研究中心主任对此直言不讳。虽然他对他的中心有能力争取教师的参与似乎感到自豪，但他也谨慎地指出他们之间关系的不对等：

这些教师都受益于中心的资源，他们从中心获得拨款，他们使用中心的物理空间，他们通过会议使用中心的资金和中心的研究支持，但他们都不对中心负责，因为他们都不向我报告。

后来，他讲述了这种安排的一个后果：

我们有一个中东专业，它不属于任何一个系，我主持这个专业。作为中心的主任，我自动担任该专业的负责人。这个专业在"9·11事件"之前有五六个学生,现在有40个左右……这很棒。嗯,是也不是。为什么?因为这是一个没有预算、没有资金、没有师资的专业。你可以说,"是的,这很好,因为学生们必须学习政治学、历史学、人类学课程"。这确实不错,但谁来负责的问题也出现在这里。我很容易受到教师队伍在特定学期做什么,以及他们是否休假、离职,或者教其他与实际需求不符的课程的影响。

鉴于这种基本的权力不平衡,精明的主任们想出了如何将自己的命运与实力雄厚的学院捆绑在一起,正如另一所公立大学的斯拉夫研究项目主任所说:

我们的一些院系现在在全国排名中处于中等水平,我们的新校长正在努力让它们从好发展到更好,力争让它们排名前10%,历史系就在其中。历史系是新校长的首选并得到了160万或170万美元的拨款,用来在未来一年左右的时间里引入新教师、新课程和新技术。这对我们也有好处……因为我们有四名敬业的教师,他们教授俄罗斯/欧亚历史课程,所以这对我们来说是个好消息。这正是我们所依赖的。我们依靠这些院系在内部维持足够健康的结构,以便我们可以在某种意义上将其作为中心的短期聘用来源。这才是真正重要的地方。在这里,我作为教授兼主任的角色比仅仅作为主任更有优势。因为我要在有新招聘时体现教授的身份。所以我说:"哦,你在招一位人类学教师吗?如果他是做中亚研究的,不是很好吗?或者如果他是做西伯利亚研究的,不是很棒吗?"类似这样,这就是我扮演的辩护人的角色。

非院系与学术身份认同

基于院系与非院系二元结构的学术机构生态影响着学术人员的身份认同。最近的社会学研究清楚地表明，身份认同作为人文社科学者的激励因素有多么重要。学者们在智识甚至道德上根据自己对他人工作的评价来自我定义。[22]一个人在学术体系中的工作安排影响了他的学术成就。[23]我们还知道，在美国研究型大学的文理科核心，院系和学科之间为获得认可和争取学生而进行的竞争，构成了学术政治的一个主要方面。[24]然而，之前的研究者不太理解的是，美国大学学术工作者的身份认同的多样性，以及这种多样性与学术政治的相互影响。

从积极的意义上讲，学科核心周围的非院系的增加为一些学者提供了机会，让他们能够享有同时具备多种学术身份的灵活性。几位同样是终身教职教师的中心主任表示，他们的双重角色赋予了他们更大的政治能力。以一位俄罗斯/欧亚研究中心主任为例，他同时在中心和院系任职。他被任命为中心主任时取代了一位没有终身教职头衔的前任：

> 发生改变的只是利用资金和安排课程的立场。当我向院长提出这样的问题时，这对我的课程选择真的很有帮助，比如"我们想提供两年制的乌兹别克语课程，我们可以这样做吗"？我可以以教授的身份去询问这个项目的课程效益，然后以主任的身份去帮助讨论这个项目的资金问题。所以能左右逢源的感觉是很不错的。

　　另一所大学的中东研究中心主任的评论澄清了他的两个头衔之间的一个区别:"我可以在(招聘)中发挥作用,因为我是一个系的教师。但作为中心主任,不幸的是我没有发言权。"

　　正如制度理论家长期以来所理解的那样,拥有多种可能的身份为同一人采取多种形式的行动创造了条件。[25]但它也会产生身份认同的模糊和冲突。一位中东研究中心的副主任说:"我似乎有八个不同的头衔。我确实有八个不同的头衔。"这听起来并不像是在吹牛。一所私立大学拉丁美洲研究中心主任阐明了中心主任与学科核心教师的能力之间存在的巨大差异:

　　　　我们这里的院系不是什么男爵的封地,我的意思是,这里都是一群自命不凡的人。有些州立大学的教务长或院长可以给教师下达命令。而这里的精神是智识上的自由,哪怕一个院系想要自掘坟墓也可以。教师可以自由提供他们喜欢的任何课程,这意味着,如果一个研究拉丁美洲的老师想要开设关于日本或关于美国国会的课程,这表明他们确实想这么做。我非常非常喜欢这一点,但这也意味着任何幻想就重建区域研究发号施令都只能是幻想。

　　他的一位同事同时也是该大学中东研究中心的副主任,对此提供了不同的解释:

　　　　中心不雇用专职人员。我不是被中心雇用的,我是被(我的院系)雇用的。(在联合访谈中提到的)另一个同事也不是中心雇用的,而是(院系)雇用的,所以,即使我们对中心有强烈的依恋——我们确实有,并且认为中心在某种程度上有自己的身份认同和自己的议程——我也不可避免地参与并关注我所在的院系的议程,我也在那里授课和投票。所以中心总是有一种有趣的身份重叠的东西。我不知道有什么方法可以逃避。除非你把中心变成院系,但这样做本身就有问题。

毫无疑问,中心的附属关系给文理科核心的参与者提供的是一种不那么突出的身份。举个例子,一位社会学教授这样描述他所在的系和我们访谈他的中心之间的关系:

> 当我写一份年度报告,或者当我准备一份描述我们院系和我们所做工作的介绍时,区域研究中心会被列出。它们被包括在我们提到的与(国际学院)的联系中,但它们并不被视为我们的规划或成就的真正重要组成部分……当我第一次收到你的信时,我甚至不确定我真的知道有一个中东研究中心……我知道南亚研究中心是因为(某位教师)……但我不知道俄罗斯/欧洲研究中心。我对此一无所知。

尽管非院系的稳步增长为学术专业人士创造了更多的头衔和职位,但院系的教师任命仍保留了他们在学术地位体系中的特权。

第四章
在大学里做"石头汤"

学术工作是团队活动的复杂拼图。没有人能够完全靠自己的力量编排课程、运行项目、指导学生或设立奖学金。完成学术工作意味着同时以多种方式与许多不同的人合作。教授们常常被认为心不在焉,原因之一就是他们同时参与了如此多的团队。

其中一些团队广泛分布在不同的物理空间并持续相当长的时间——例如,学科专业协会的年会就像学期和暑假一样占据着教师们的日程。另一些事务虽然不那么正式,但对学术生产而言同样重要:学者和学生之间的持久关系,他们可能在相距很远的地方生活和工作。他们组成了"看不见的学院",并通过这些学院生产、讨论和改进了大量的学术成果。[1]

还有一些当地的校内团队,他们的活动遍布在特定大学校园的教职员工和学生的日常生活中。我们在第三章中概述了这两类团队的基本机制。学科院系可能是大学组织中最有特权的团队。它们享有高度自治权,其中最有权势的成员享有终身任期。还有许多其他正式的学术团队合作结构属于非院系的范畴,尽管他们没有院系那样具有持久性和声望,但他们的灵活性和正当性使他们总是很受欢迎。然而,在当代美国学术界,院系和非院系很难穷尽学术工作者可用的组织策略。大量的活动发生在院系和非院系之间,而不仅仅是在院系内部。任何对学术生产的完整描述都必须将对跨部门努力的关注纳入进来。

这种行动并不是偶然发生的。任何合作行为都需要参与各方对成本和收益的评估,需要谈判和某种治理体系,以确保规范和规则执行的一致性。[2]合作还需要一些模板和惯例,人们可以根据它们来理解彼此的行为。这就是社会学学者伊丽莎白·克莱门丝所说的"'组织的'方式"——人们就他们之间的关系进行协商时所依据的共享观念。[3]跨学科的学术合作需要额外的支撑。[4]截然不同的见识和理解世界的方式为误解的产生创造了条件。再加上专业的身份认同在很大程度上与从事学术研究的机制交织在一起,所以跨学科行动的发生是值得关注的。

然而,区域研究中心的主任们反复强调,他们的工作是如何致力于与其他中心和学科院系的合作。"我们做了很多与联合赞助相关的事,"一位拉丁美洲研究中心的主任说,"我们中心没有很多预算,所以我们自己推动或发起的几乎所有事情都遵循一种类似'石头汤'的原则,我们得到了多方的联合赞助。"同一所大学俄罗斯/欧亚研究中心的一位副主任说:

> 我们对很多事情采取了"石头汤"的方法。有人想出一个主意,我们决定去实现它,我们就说:"好吧,这是我们力所能及的。"……然后我们在校园内外寻求支持。这样我们就可以凑够钱来举办一些真正令人兴奋的活动。

这个比喻把我们中的一些人带回了童年记忆,另一些人则去维基百科搜索。让我们回想一下这个著名的民间故事：一群饥饿的旅行者带着一个空锅来到一个村庄。为了吸引村民来给他们提供食物，旅行者从附近的一条小溪里接水装进锅里，又加上一块石头，然后开始在火上加热。当地人问他们在做什么，旅行者回答说他们正在做石头汤。这是一种美味的食谱，只需添加几种额外的配料就能变得更好吃。于是当地人一个接一个地往锅里添加食材，直到最终真的做成了一顿丰盛的大餐。

这个故事阐明了社会行动的一个重要方面。些许的个人投资可以积累成巨大的集体回报。我们同意"石头汤"是一个很好的比喻，特别是对于非院系的人们以及更广义的学术领域的创业者，可以用来形容他们在美国学术界追求生存和声誉的努力。对于区域研究中心的管理者来说，《高等教育法》第六编资助提供的资金和地位可以用来建立合作机制。通过第六编获得的有限资金和第三方支持中心类似于民间故事中的锅和石头。它们是与其他合作者协商时可利用的资源。第六编的批准减少了合作者的不确定性，他们可以为合作机制做出各种各样的贡献：当然包括资金，但也包括邮寄名单、师生的关注、管理者的时间、物理设施以及协会的声望。

我们的访谈使我们能够充分地描述这一现象，从而对于美国学术界最近对跨学科的社会学思考有所裨益。具体来说，我们可以详细考察杰瑞·雅各布斯最近的论断，即跨学科中心和研究所促进了跨专业合作。对于最近许多关于沿着跨学科路线重组美国科学院的呼吁，雅各布斯给予了尖锐的反驳。他认为，在当前的学术体制下不断增加的院系外研究单位网络——也就是我们所说的非院系——产出了大量的跨学科成果。[5]我们的调查强烈支持这一论断。

在接下来的部分，我们认真听取中心主任们的发言，展示他们如何与其他各方合作,在完成工作的同时为他们的中心以及他们的个人身份增光添彩。这将使我们能够对学术成果的产生获得更全面的见解。这项工作的分布是复杂的,需要跨越组织的空间和时间来协调各种资源和观点。利用美国大学中多元的院系/非院系结构,美国学术领域的精明人士已经开发出了建立合作机制的高效惯例。主要的惯例是联合赞助,它的形式是多种多样的。我们把它叫作"石头汤"。

联合赞助

联合赞助是中心主任工作的主要部分。主任们既发起联合赞助的请求,也对联合赞助的请求做出回应,一般是提供少量的短期资源,偶尔也投资长期合作。主任们与院系和其他中心结成联合资助关系,举办无数的讲座、演出、展览和学术会议,这些活动丰富了一流大学的日程表。至少就像中心主任们所说的那样(他们显然是一个有偏见的信息源——后文详述),如果没有联合赞助,大量的学术活动根本不会发生。

主任们拥有的实际资源往往非常有限,他们的工作就是让这些资源尽可能地发挥作用。一位俄罗斯/欧亚研究中心的负责人说:"总的来说,这不是一大笔钱,我们每年大概有25万美元,但这笔钱的使用令人难以置信地提高了人们对该地区的认知。"如果工作做得好,一个中心会拥有与其预算不成比例的知名度。一位中东研究中心主任说,他的组织是"一个空泛的组织……理论上无处不在,实际上只占据了相当小的空间"。"我们做了很多这样的事情,"他后来谈到联合赞助时说,就中心的日常劳动和精力而言……我们几乎总是对联合赞助、广告、外联等事情说"是"，但当我们描述我们在大学内或像（美国教育部）这样的组织中所做的事情时，这是从来没有被关注到的事情之一。我不认为真的有什么方法可以记录你花在制作广告、传单、海报以及发送电子邮件上的时间……就联合赞助而言，即使没有钱，我认为我们仍然付出了很多努力，这是物有所值的。

"我们日程表上的每一场讲座都是联合赞助的，"另一家中东研究中心的副主任说，

我们没有什么活动不是分摊成本的……通常我们会联系与主题或演讲者相关的院系，或者他们会联系我们……我们的教师如果有什么项目需要钱，他们会来找我们。他们通常也会去找其他资金来源，所以几乎所有的东西都是联合赞助的。我们也在和医学中心联合赞助一项关于医学史的活动……这是一个非常有影响力的活动……是关于一位医生的。早在11世纪，他就发现了治疗癌症和其他一些疾病的方法，他是穆斯林。然后我们会有一个公共讲座，也是由他们联合赞助的，地点设在医学中心。

联合赞助的活动不仅利用了各方的物质资源，还利用了它们的声望。[6]后者有时是赞助的主要内容。一位工作人员在最近的一个学年里统计了56个联合赞助项目，他说："我们可以以某种方式联合赞助，有时人们只是想用我们的名字来提高活动的可信度。"另一位主任说：

让其他人认识到某件事的重要性的机制是说："你愿意联合赞助吗？"人们会这样做，特别是如果不需要他们拿出大量资金的话。一般人们会考虑一下，如果它看起来很有意思，他们会说"是的，当然，我们会共同赞助它"。

65

引用"石头汤"比喻的拉丁美洲研究中心主任还说："经常有人来找我们，要求小额共同赞助，这是我们最常给予的，所以我们作为许多活动的共同赞助者参与其中。"一位南亚研究中心的主任明确表示，寻找资金只是提供了一部分激励，用你手头的资源做更多的事则是另一部分。"这并不是说我们因为没有资金而不能开始做某件事，这更像是我们得到了开始做某件事的种子资金，然后出去寻找更多的资金，因为我们想让它走得更远。"

随着时间的推移，建立关系对此显得非常重要。正如一位自豪于与医院合作的中东研究中心的副主任所说："实际上，要培养这种关系，你不能冷不防地打电话。这是行不通的。"正如她所说，该中心与医学院的关系始于几十年前，当时大学医院为苏联入侵时期的阿富汗难民提供免费治疗。多年来，在中东研究中心的帮助下，医学院一直对阿富汗保持着兴趣，并向该地区捐赠了医学书籍和用品：

　　他们有那么多多余的医学书籍，那么多多余的用品，就这么被白白扔掉了。而阿富汗一无所有，他们什么都需要……但是要想把这些东西运到那里简直比登天还难……不过我们没有放弃，我们邀请阿富汗大使来大学做演讲，让他站在我们这一边，并利用他在阿富汗的关系，所以他让我们和一些能够帮助我们的组织建立了联系。就这样我们建立起了合作关系。

一位南亚研究中心的主任明确表示,支持教师旅行是他的中心寻求建立这些关系的一种方式:

> (旅行资助)是我们的一项常规活动。我们通常能够在很大程度上给(教师)提供资助,满足他们的需要。我们试图让他们记住,他们欠我们一个人情(副主任在联合访谈中发笑)。这是关于关系的,是关于各种形式的交换,使得我们这样的中心能够发挥作用。所以,我们有一些资源可以提供,然后我们转而要求他们为我们做一些事情来回报我们……这不是市场关系。这是一种以物易物的关系,一种前现代的互动形式。

66   经验丰富的主任们认识到,随着时间的推移,小额资助可以带来可观的回报。"有时这是令人惊讶的,"这位南亚中的副主任在联合访谈时还说,

> 有时只是很少的一笔钱,例如给法学院举行的学术会议或其他活动提供一两千美元的资助……就会产生(我的同事)所说的那种政治善意。建立这些网络即便不是我们所做的最重要的事情,至少也是最重要的事情之一。我不仅要保持善意,还要通过引入不同职务的南亚研究学者来开展工作。

没有旧的关系可以利用可能是新主任们面临的一大障碍。一位在我们访谈时刚上任的主任说:

> 两个月前,我在学年中期开始担任主任。所以坦率地说,我

还没能建立起很多非正式的关系,这是迟早会实现的事情,这必然是一种人际关系网络,而不是任何形式的正式组织结构。

中心的工作人员似乎对他们支持的项目感到特别自豪,在他们看来,如果没有他们的支持,事情就不会发生。一所公立研究型大学的中东研究中心主任提到了讲座和访问计划:

> 现在赞助客座讲师和访问学者实际上是我们的工作。各院系都不做。没有一个系有中东研究的系列讲座。甚至如果没有我们的联合赞助,没有一个系会开设关于中东研究的讲座。所以基本上,我们是所有讲座的赞助者。我们是所有学术会议的赞助者。我们是所有访问学者的赞助者。我们做中东研究,不管他们属于哪个院系。如果某个院系破天荒地自己做了一些事情,通常他们仍然会来找我们联合赞助,要么是因为他们需要钱,要么是因为他们需要宣传。

由于第六编资助明确支持地区和语言教学,所以主任们花费了大量精力鼓励教师提供与其中心使命相关的课程。正如一位中东研究中心的管理人员所说,这可以通过利益诱惑系里的教师开设课程来实现:

> 我们要尽可能地保持活力,不断努力寻找那些我们可以交叉列出的跨学科课程。我们一直在给我们的兼职教师提供课程开发资金,这样他们就可以……例如,在政府系工作的(一位老师),我们给了他一些第六编资助的钱去研究埃及选举。现在我

67

们就有了一门关于埃及政治的课程。

主任们还通过支付兼职讲师的费用来获得相关课程。正如一位想要一些特定语言教学的副主任所解释的：

> 我们之所以能够聘请一个人，是因为我们从捐赠基金中拿出了资金，现在用的是拨款，但第一年用的是捐赠基金，其他语言和课程也是这样。所以这确实让我们在获得和提供职位资金支持方面拥有了一些优势，以适应我们的议题，或者说我们希望校园里有些什么。

"事实上，我们发现这非常有效，"一位主任在谈到共同支付讲师费用的策略时说，"因为当一个院系习惯了某个人时，我们发现我们的花费越来越少，因为他们愿意给课程投钱了。"

最重要的联合赞助形式之一是共同支持终身教职的任命。因为不是院系，中心通常不能自己进行终身教职的任命。然而，院长和教务长有时允许甚至鼓励中心和院系之间共享终身教职。由于区域专家学者对区域研究中心的工作至关重要，并且学科院系的终身教职标志着很高的声望，所以主任们非常关心如何、在哪里以及由谁来任命终身教职。

我们的受访者谈到了很多关于为潜在招聘埋下伏笔的问题，以及如何与其他方面进行谈判，以便随着时间的推移逐步增加这种潜力。一位资深国际事务官员描述了最近的一个案例：

> 一群研究南亚的学者一起商量并决定为一位历史学者提供

一份工作,这样我们有了中东、南亚、人类学、历史学等不同方向,所以我们能够形成一种统一战线,去找教务长和历史系,因为需要历史系向这位学者发出邀请并表达热情和接纳。最终历史系发出了邀请,这个办法确实奏效了。

类似地,一位中东研究中心的主任介绍说,他的中心认为需要一位具有区域专门知识的人类学学者,但这在人类学系"不是优先事项"。因此,中心的工作人员找到系里和学院,提出为初级教员支付前三年薪资的四分之一:

> 所以我们与他们那里达成了这个协议,他们批准了……他们找到了一个人……所以我们资助了她第一个聘期薪资的25%,然后逐渐降低。现在我们每年资助她薪资的11%或12%……所以这是一种利用资金的方法。

再看另一个例子,同一位主任介绍说,斯拉夫研究中心和中东研究中心同意各支付一位中亚历史学学者25%的薪资,条件是综合教学部门支付剩下的一半。

> 这个人将得到资助,四年后,这个职位将被历史系吸纳。因此,在这四年里我们将在(这所大学的)历史系设立一个中亚历史学学者的职位。这是我们正在影响的事情。

"我们使用的说辞是我们在使用第六编拨款,"这位主任简要地说,"把它与机构资金结合起来,这就是我们实现中东研究项目目标的方式。"这种拓展可以采取部署固定关系的形式,并在高级管理人员的优先事项框架内进行游说。"我们正试图将一次遴选转化为两到三个岗位的聘用",一名主任和副主任讨论了他们在中心目标地区建设能力的尝试。

> 主任:遴选委员会委托我和教务长谈谈,这样我们就可以和他约个时间,推销我们的愿景,我们有多个任命,而不是一个。我们已经得到了委员会副主席的支持。
>
> 副主任:我们想要"买一送一"……甚至"买一送二"。
>
> 主任:你想知道真相吗?我们正在试图"买一送三"!……(笑)我们很有野心。

另一位南亚研究中心主任说:

> 这就是我们这行的政治,也就是说你要试图为教师职位进行谈判。你想和系主任合作,让他对系里的教授们施加影响力。你试着和系主任发展关系,这样他们会认为这是一件很好很有趣的事情。你通过与其他中心的联合赞助尽可能多地开展合作,因为你正在他们那儿积攒人品,那么你就能在以后有需要的时候利用这一点。

69   中心主任和国际事务官员有时会精确计算他们能够覆盖的教职人员的比例以及覆盖的时长,并提供从几千美元到一半的工资以及附加福利,以激励各院系招聘特定领域的师资。一位俄罗斯/欧亚研究中心的主任说:"我们在拨款中拨出经费用来在一个学期内给一位学者支付一半工资,希望另一个院系即联合赞助院系能支付另一半。"最终目标可能是让各个院系自行支持教师队伍,这一过程可能会持续很长一段时间,甚至一代人或更长时间。一位资深国际事务官员告诉我们,她有两个50%的名额,可以用来鼓励各部门聘请从事人权和环境方面工作的人。她解释说,如果一个系接受了一个50%的名额,他们就"达成了一项协议",基本上提供了一名全职的额外教员,而这一名额不计入该系的全职教师配额:

> 这笔钱来自教务长办公室,所以院系只需支付一半,院长不会把这个人算在他们的配额中。最终你希望院长会忘记这件事,然后二十年、三十年、四十年过去了,这将成为教师队伍的永久补充。

对于我们在前一章中的论点,中心参与联合终身教职的评聘工作是一个重要的提醒。终身教职的任命是院系的事情,院系教师通常在终身教职的任命和评审决定中占据上风。然而,联合聘任的惯例确实让非院系能够对文理科核心教师的持续发展产生一些影响。从一个中心而不是一个院系的立场上讨价还价,让中心主任在游戏中处于弱势地位,但他们仍然可以留在牌桌上。精明的主任们意识到了这个机会,并谨慎地打出了自己的牌。

主任们受到很多方面的激励来进行联合赞助。其中一些激励是财务方面的。主任们经常与一些规模不大的基金合作,尽他们所能让基金发挥作用。一位中东研究中心副主任承认,由于他们没有独立的捐赠基金来支付运营费用,他的部门"依赖于大学的恩惠"。他解释说:"这是一件没有专门为我们预留资金的事情。我们每年都要

到处化缘。"另一方面的激励则是监管。第六编资助的正式目的是鼓
70 励受助机构开展广泛的培训、奖学金和社区外联活动。每次申请政
府资助时,研究中心都有义务汇报他们的合作活动。

还有一个激励因素是声誉。一位中东研究中心的行政人员显然
对自己的工作感到自豪,但也与校园里的其他单位竞争,她告诉我
们:"我认为我们是最有活力的。我确信我们是的。但南亚研究所也
确实在迅速崛起,做着各种事情,与合作伙伴互动。"我们怀疑,合作
中的自豪感和竞争性来自他们是中心而非院系的事实,院系可能用
来夸耀的东西——专业数量、毕业生去向、全国排名——通常不是中
心人员可以实现的目标。中心职权范围内更直接的活动为职业认同
提供了更坚实的基础。

无论对任何特定的中心工作人员的激励因素的组合如何,毫无
疑问,联合赞助是工作的重要组成部分。正如有人所说:

> 永远不能忘记的是,第六编资助是我们所做的一切的基础,
> 事实上,它的成本效益是非常可观的,因为它使我们能够在这个
> 主题上利用更多的大学资源,而不仅仅是由大学优先事项单独
> 支持。

小结

我们的研究范围限定在区域研究中心,因此从经验研究的角度
看我们只能讨论它们。然而,我们的受访者经常表示,这里所描述的
"石头汤"惯例是他们整个大学工作的特点。一位中东研究中心副主
任说:"我们这里有一个看起来非常资本主义的体系,就像是'嘿,太

好了,如果你能活下来那就去做吧,做你需要做的’。所以你有塑造自己的自由。但你得到的一切是你必须获取的,你必须千方百计去获取。"还有人说:

> 我们所有的中心生来就具有创业精神。除非你是个有上进心的人,否则你无法在这里立足。我们都是如此。我的意思是,或者你就是个某种程度上的达尔文主义者,如果你不学会走出去整合资源,而是坐视不管,那么你什么也做不成。但似乎每个人都能做点儿什么。

在我们的访谈中,"资本主义""创业精神"和"在这里"的使用频率足以表明,受访者所描述的学术生活的特点并不是任何一两所大学所独有的。另一个常用词是"自下而上"。正如一位经济学教授所说:

> 这就是事情的运作方式,而且我认为我们最大的优势实际上是,它是非常分权的和自下而上的。所以有大量国际化的活动,但总体上这并不是对集权化的授权和资源的回应,而是兴致勃勃的教师们自己做事情并争取资源,我认为这是一个更健康的环境。

不同的汤

"石头汤"的基本配方在我们考察的所有校园都是一致的。这符合我们的预期。公共活动、大学课程、教师招聘,以及产生这些活动的院系和非院系结构都是大学的主要内容。如果一个组织没有上面这些东西，那么它就不是一所研究型大学。[7]然而，不同大学校园里的学术风格也是多种多样的。学校在资源、管理结构和文化特征方面存在很大的差异。"石头汤"包含并解释了这种多样性。尽管联合赞助的秘诀和学术工作的基本要素是大致不变的，但在特定的时间和地点，手中有什么样的人力物力资源，在很大程度上影响着它们可以完成哪些工作。

以我们的两个案例大学为例，我们把它们分别叫作"西部旗舰"和"东部精英"。[8]二者都是综合性研究型大学，几十年来成功地延续着对多个研究中心的第六编资助。对许多领域的专家来说，这种持续资助的事实本身就初步证明了两所学校的区域研究水平。二者的网站都自豪地描绘了它们跨越学科界限支持国际和跨国学术研究的悠久传统。然而，在当下的学术时代，东部精英和西部旗舰却有着截然不同的禀赋和能力。他们管理世界各区域研究的方式形成了鲜明的对比。

西部旗舰大学是一所公立大学，位于一个充满活力和欣欣向荣的经济区域。它位于洛基山脉的太平洋一侧，即使以美国的标准来看，它的历史也不长，接近20世纪初时才成立。它不是美国或世界排名前两名或前三名的大学之一，但它在大多数项目排名中的得分令人钦佩，能在西部旗舰大学获得人文社会科学终身教职任命，意味着在大多数学科中都能获得引以为荣的资本。在过去的十年里，为了应对州立法机构拨款的持续减少，西部旗舰大学在很大程度上依赖学费作为主要的收入来源。但它在该地区的公益机构和基金会中也享有很高的声望，并从联邦研究机构获得稳定的资金来源。

在20世纪初，西部旗舰大学埋下了广泛的区域研究项目的种子。当时成立了一个"东方"研究所,研究当时所谓"远东地区"的语言、历史和文明。在二战和冷战的几十年间,该研究所是大量政府和基金会资金流向研究型大学以支持区域调查的组织载体。在过去的几十年里,该研究所的研究范围逐渐扩大,包括了中亚、苏联和中东。单位名称偶尔也会修改,以确认其领域范围的扩大并回应学术潮流的变化。单位名称中的"东方"在二战期间变成了"亚洲",在 20 世纪 70 年代则变成了"国际"。

此后不久,一项重大决定出炉,该研究所被组建为一个系,设在大学的文理科核心内。所有第六编资助的区域研究中心都设在该系。这一管理策略是至关重要的,因为它使该研究所能够像一个系一样行动,即使它没有被命名为一个系。它可以游说大学内的其他组织,自行或更多情况下与校园内其他授予终身教职的单位联合任命终身教职教师。作为一个系的集体行动能力使西部旗舰大学的区域研究项目具有高度的政治影响力,这在我们的案例大学中是与众不同的。

我们的受访者表示,这种能力对西部旗舰大学的区域研究的发展史极为重要。西部旗舰大学的俄罗斯/欧亚研究中心主任详细介绍了他所在的院系积极主动地开展集体工作的努力:

> 我们最近(聘用)了很多人,但这是因为挽留邀请*,这件事发生在三个不同的背景里。我跟你透露一下,一个是朝韩研究,一个是南亚研究,还有一个是我们自己的项目。这些项目的主任或骨干学者要么与学术共同体联系紧密,被大学认为非常有

---

* 挽留邀请(counter offer),当员工决定跳槽时原单位为挽留而发出的邀请,通常包含升职、加薪或者其他福利。

价值，要么拥有其他单位发出的邀请，或者两者皆有，这让文理（学院）的管理层感到巨大的压力，他们必须做些什么以确保这三个项目依然能够存在，这些人都在这里待了几十年了。实际上，那个南亚的例子中的关键人物已经离开，退休好几年了，（然后我们的新系主任）来了，他基本上拯救了这个项目。（他是）一位非常著名的南亚历史学学者，还有其他一些优秀的人……实际上，朝韩研究只剩下一个人在（院系）里。我们自己的项目有很多人离开了……所以我们基本上都具有创业精神……我们像疯子一样战斗。我的意思是，我认为，公平地说这并不是一个秘密，这是众所周知的。我们去游说学术共同体，我们三个人分别联系了对该地区感兴趣的学术共同体，做了很多深入的政治工作，确保有投票权的人士支持这些项目。如果你真的在这三个领域破坏了西部旗舰大学的这一令人称奇的传统，你会有不小的损失。我是说，尤其是在 21 世纪，全球化是一个时髦词汇。所以你知道，如果我们因没有学者使用而破坏我们积累的享有盛誉的图书馆资源和第六编研究中心等等，那我们简直是疯了。在过去的三四年里我们在（院系）里雇用了很多员工，但一系列的招聘让其他社科院系非常不满。他们觉得我们（系）得到了所有的资源。所以这件事稍微转向了这样一个你在任何其他大学都不会碰到的问题，即政治学和社会学学者会说："为什么所有这些人都被雇用在区域研究中心？为什么我们没有招聘指标？"

这位主任显然对他的同事们在争取职位和保持区域项目活力方面的合作能力感到满意。虽然我们并不怀疑他们的战略敏锐性，但我们在这里强调的是，西部旗舰大学将区域调查组合成一个系的形式,使其具有独特的合作和竞争能力。

这位主任继续解释他个人如何利用这样一个系的形式与其他单位讨价还价和进行利益互换:

> 我说说我个人是如何处理的,我不能代表南亚或朝韩研究方向的负责人,但在我们的项目中,我的处理方式是试图分散我们现在拥有的资源,让每个人都有所收获。因为我对这些中心和区域研究的整体看法一直是,它是双赢的游戏,那些认为区域和学科之间有某种奇怪的内战的人士其实不知道他们正在谈论什么。如果你聘请了合适的人,每个人都可以深入了解一个地区以及通过研究该地区自然产生的一些理论问题。所以我们已经聘请了,我的意思是我们已经承诺聘请了四个人,其中三个即将完成手续,第一个是××……他简直不敢相信,我也非常高兴。说真的如果我必须挑选或安排一个历史学学者的岗位……我们这里聘请的人不仅要精通阿拉伯语和波斯语,(还要)掌握乌兹别克语、俄语、德语和英语……
>
> 访谈者:所以这些招聘是直接通过(国际系)进行的?
>
> 受访者:不完全是,我很抱歉,我不打算详细说明招聘的全部细节,但你问的行政问题与这个有关。所以我的意思是,(第一个人)是历史系聘请的,(他)100%是历史系的人,但他也做中东方面的事情,我们让他加入了中东政治研究。他们聘请了两个人而不是一个人,原因是我可以证明他将填补中亚研究和跨学科问题的巨大空白。他可以与中东、南亚和中亚领域的学者对话。

74

请注意,这位主任将招聘描述为合作机制。这位历史学者的任命既是"我们的"同时也"100%是历史系的"。以这种方式与其他院系合作的能力,为西部旗舰大学的区域研究项目提供了独特的多种多样的"石头汤"。

正如我们所研究的公立研究机构中常见的那样,这些研究中心往往只有少量或根本没有财政拨款,西部旗舰大学精明的管理人员试图利用第六编资助,抓住任何可能的机会吸引教师加入这项事业。正如一位西部旗舰大学的资深国际事务官员所说:

> 我们使校园走向国际化的方法之一是将第六编资助的大量资金直接用于迄今为止尚未参与其中的教师……通过向他们投入少量资金,我们鼓励他们为我们教授符合我们使命的课程。这意味着我们的触角越来越伸向社会科学、艺术与人文学科以外的领域,比如许多专业学院。所以,我们与法学院有着广泛的联系,我们与公共事务学院有着密切的联系。我们甚至在社会工作、教育、护理和公共卫生领域取得了进展。这是我们如何真正处于校园国际化中心的另一个例证。

东部精英大学是一个不同的混合体。作为世界上最富有的学术机构之一,东部精英大学的历史与美国的历史一样悠久。它是一所极其复杂的大学,拥有大量的地区专家和组织能力。东部精英大学第一次被视为主要的区域研究中心是在美国高等教育的文明时代*,直到今天,它的成员仍有理由为覆盖整个亚洲次大陆的图书、

---

* 参见本书第一章中的"文明图式"。

档案和博物馆收藏而感到自豪。冷战期间,联邦政府对地区调查的拨款带来了额外的知识财富,因为东部精英大学将自己定位为华盛顿几乎所有国际机构的专业知识的主要来源。近几十年来,基金会和公益捐赠大量涌入东部精英大学,来自美国以外的资助者也越来越多。这些投资层层累积的遗产使东部精英大学成为一个半独立的学术机构之城,其中许多机构都是由他们自己获得的大量捐赠基金资助的。

东部精英大学第六编资助中心的主任们了解他们的相关学者可以获得的资源,并将自己视为传递这些资源的管道。"我们有令人难以置信的资源可供使用,"该大学的中东研究中心副主任说,

> 当我们有问题需要解答的时候,我们可以去找那些能从各个层面解答问题的人。如果我们有一个患有精神分裂的学生,我们可以去找一个团队……我们有各个领域的学院领导帮助我们解决复杂的问题。所以,尽管我们的雇员可能不多,但我们的资源非常丰富,我非常清楚这一点。

后来,在一次关于该中心如何利用大学图书馆的讨论中,她进一步强调了该中心的连接功能:

> (图书馆员)拥有令人难以置信的资源,我们的部分预算拨给了阿拉伯语部门,所以这只是一个建立联系的问题……这是关于我们拥有的惊人资源的另一个例子,我们只要确保有适当的接口或者说建立连接、联系就可以了。

76   在这样一个富足的环境中,自然会有一些其他大学难以想象的额外好处。这位副主任解释说:"我们询问了指导委员会的一名教师,他来自设计研究生院,问他是否可以推荐一名研究生来帮助设计我们所有活动和研讨会的海报。"她的中心随后聘请了一名来自该学院的学生,"这位学生帮助我们将一些中东设计元素融入我们的公关工作中。这是一种调动资源的方式,当然不需要进行大量的人力投资"。

在东部精英大学,中心主任们可以不断完善本已蓬勃发展的学术布局,这近乎奢侈。正如东部精英大学的拉丁美洲研究中心主任所说:

> 我们还必须花大量时间寻找课程上的空白点,找出那些(大学的)教师队伍尚未覆盖的有趣的研究领域。我们还要尽可能调动资源以便聘请那些领域的资深教师。

这位主任明白他的工作很特殊。"我不认为自己有什么特别的德行,"他后来在一次有关他对该中心的理想的深入讨论中说,"我认为,其他大学有类似想法的人是因为资源匮乏而陷入困境。如果你每年有 400 万美元的预算,你的帐篷就会比那些只有 20 万美元预算的人要大得多。"

东部精英大学的财富对其"石头汤"的配方产生了影响。丰富的资源可能会阻碍与其他单位的合作,正如该大学的俄罗斯/欧亚研究中心主任所说:

> 在 90 年代,大学变得富有,当然(这所大学)更加如此,这意

味着有更多的钱可以做几乎所有的事情……我们有时确实喜欢一个演讲者的系列，但有时你懒得付出协调成本。如果你想做，你直接去做就是了。我们和中东研究中心在中亚方面做了很多工作。大约10年前，我们两个中心建立了一个小项目，我们都投入了几千美元，但最后几乎都是我们自己做的……他们忙着处理中东阿拉伯以及伊朗问题，不过我们并不担心，我们只要自己支持自己就可以了。

正如东部精英大学的中东研究中心副主任所指出的那样，让东部精英大学的学术生活变得更加轻松的财政拨款也有其自身的外衣：

> 我们不能拿着一个锡罐到处跑来跑去要钱。给到（这所大学）的每一份礼物都必须由我们的发展办公室来引入和审查……关于如何利用校友捐款，我们有非常非常具体的约束……就我们的资金使用而言，我们并不是自由的行动者。你应该强调这一点。

然而，即使在东部精英大学，中心也依赖终身教职教师的参与来获得正当性和声望，这使得它们必须与学科院系合作。当这位副主任对我们的一个标准访谈问题提出异议时，她非常清楚地阐明了这一点。

> 访谈者：你们这些与不同院系的关系——与学术院系的关系——是加强还是削弱了校园里关于中东的教学和知识生产？

副主任:我不知道是谁提出的这个问题……因为没有这些关系我们就无法生存。

访谈者:好的,那么就是说这些关系加强了它。

副主任:加强这个词的程度还不够。我想说的是,这些关系构成了它。

访谈者:很好。然后是另一个问题,虽然实际上我有点想发笑但我还是需要在你这里检验它。这些关系对于你在校园里推广中东研究有什么影响? 但我认为答案正如您所说的,它是必需的。

副主任:嗯,这是一个有趣的问题,因为我实际上认为这可能会分散我们的注意力,而不是集中它,因为院系有很大的权力。对吧?

访谈者:没错。

副主任:但中心必须聚集和调动资源才能拥有实力。我们的实力只相当于隶属于中心的资深教师,对吧? 资深教师的家园是院系。所以我们依赖于资深教师的投入和鼓励,但是你知道,坦率地讲,如果资深教师决定组织起来去干其他事情,那么我们就会失败。所以我们想要借助更多样的机构力量、权力和联系,因为我们是一种附属机构。我们不像一个院系,你知道我们不是一个院系。所以你知道,中心是可以被撤销的,我是说,我想院系也可以被撤销,但如果中心被撤销,所有的资深教师仍能保住工作。对吧? 他们仍然有教学任务,他们仍然有自己的学术委员会,他们仍然有学生。

不管东部精英大学的中心可获得的资源范围和规模有多大,它们终究不是院系,这一事实使它们必须通过与院系教师的交流来完成"石头汤"的配方。

即使是西部旗舰和东部精英大学的简单对比也表明,资源的差异影响了"石头汤"的地方特性,但不是以直接的或者线性的方式。另一所私立大学的中东研究中心主任在谈到由外部捐赠者资助的相关研究机构时表示:

> 研究机构有很多外部捐赠的资金。但据我所知,它完全独立于大学。他与大学的联系就像与火星一样微乎其微。我们无法从他们那里获益。他们和我们没有联系……他们活在另一个世界。

在联合访谈中一位同事插话说:"他们不分享任何资金,他们不分享任何东西。"更复杂的组织结构会限制合作,并创造出更多需要跨越的边界。

个人的性格也很重要。在一个特定的校园里,那些有意愿、有能力、有兴趣研究特定课题的人士塑造了学术发展的进程。另一所公立大学的一位中东主任对中心依赖于"第六编资助、大学的公益机构、大学的善意或者一些院系"表示失望,他补充说:

> 个性也很重要。有些院长非常国际化,有些则不是。有些院系的教授在很大程度上更认同他们自己的学科。他们不喜欢多学科、跨学科……所以必须有真正促进跨学科、多元文化和全球化的大学办公室……

另一所公立大学的中东研究中心副主任,在被问及她与院系关

系中的具体挑战时直截了当地说"我认为唯一的问题是教师的
个性"：

> 我们对此无能为力。你可以向他投去善意。我不知道你能
> 做什么，这就是性格问题。人际关系问题偶尔甚至会是政治问
> 题。我们有一个非常好的老师，他从不踏足我们的中心，因为他
> 误以为我们与阿拉伯国家的政府有某种联系。他是阿拉伯国家
> 的不同政见者，他不想与我们交往。他是个非常好的人，但他显
> 然误解了我们的项目。但是终身教职制度就是这样，你会遇到
> 一些奇怪的人，还有一些难以相处的人。我认为这可能在每个
> 大学都是如此，但我们有一些人真的很难打交道，所以这是一个
> 障碍。

其他一些大学的中心主任和副主任则表示，人际碰撞层面的相
对自由是他们校园的真正资产。我们称之为南方州的一所学校的中
东研究中心主任主动说起：

> 我们的另一个独特之处在于，我们似乎真的和校园里的每
> 个人都相处得很好，没有任何戏剧性的事情发生。在政治上而
> 言这里是个无趣的地方，但在学术和行政上则令人兴奋。我们
> 和每个人都有良好的工作关系。有些大学里系与系之间有分
> 歧。有时会有政治分歧，比如阿以关系之类的。但在我们这里
> 这些都没有。每个人都相处得很好，我们一起工作，我们有很多
> 跨地区、跨种族、跨学科的研究。所以我们有很多人研究阿拉伯
> 语和希伯来语，或者研究伊斯兰教和犹太人。我们做了很多比

较研究,很多人做不到这一点,因为他们在行政上、政治上或其他方面有分歧。

无论校园环境如何,有外交技巧的主任们都能发现并利用身边人之间知识上的相关或者断裂。另一所公立大学的俄罗斯/欧亚研究中心主任对此有深入的思考:

不是只考察区域研究与非区域研究,要用连续变化的视角而不是用分类数据的视角来思考。谁更多关注背景专业知识?谁较少关注背景专业知识?最终拥有举足轻重地位的中心关注而不是排除核心竞争力,当然包括他们需要研究的问题、需要参与的问题和需要理解的问题的性质……这使你能够在不易察觉的地方建立统一战线。例如,我的意思是,你知道这里的社会工作学院是非常聚焦于美国的。所以有人会认为这和区域研究没有任何共通之处。但事实上,它们在认识论上有一个潜在的相似之处,那就是,你需要在它们的位置和背景中理解问题。因此,通过使用"背景专业知识"这个术语,我们实际上扩大了可能的盟友的范围。你知道,有些人会对区域研究说:"呃,这不是一个古怪的东方主义概念吗?"

这位主任显然了解不同的学术语言,通过这些语言,学术同行可能会以不同的视角来理解区域研究(分类与连续变化、背景专业知识、东方主义),并表示有能力以各种方式与不同的潜在合作伙伴进行沟通。我们只能推测,这样的外交技巧是有回报的。

非院系、跨学科与二元学院

本书的一个中心任务是揭示与学术院系共存的从事学术工作的组织机制。这种机制是广泛的。非院系形式是美国高等教育的一种主要管理形式,正如前文描述的校内联合赞助一样。很难想象在没有这些组织技术的当代大学中要如何开展工作。

近年来,关于学科研究与跨学科研究孰优孰劣的讨论很多,但对人文社科如何日复一日开展学术工作所进行的研究却少之又少。从根本上讲,以学科为主体的学者和跨学科学者在研究、写作和教学方面的工作是否有很大的不同呢? 虽然我们的调查不是为了直接解决这个问题而设计的,但我们相信它对这个问题提供了一些有益的见解。

学科和跨学科的组织形式并不是互斥的。美国研究型大学同时为两者提供了丰富的支持。院系结构通过为学科受众提供奖赏的方式坚定地支持和奖励学科研究。院系仍然是知识领域组织认可的高峰,对终身教职任命的虚拟卡特尔巩固和再现了该领域的声望。以学科为基础的学术劳动力市场系统地鼓励当下的教师培养研究生并使他们有资格在学科院系谋职。正如我们在第三章开始解释并将在第五章再次提起的那样,这对学术知识的持续发展有着深远的影响。

然而,正如杰瑞·雅各布斯在我们之前所提到的,围绕学科院系的是大量的非院系:中心、研究所、项目和倡议,它们给任何一所伟大的大学带来了很大的活力,不受学科地位和评估制度的限制,容纳并传播着广泛的跨学科活动。重要的是请记住,师生们同时参与学科院系和跨学科非院系。整个学术事业都建立在这种同步性的基础上。从组织的视角来看,学科和跨学科的学术活动是同一枚硬币的两面。

具有创业精神的学术人士认识到这种二元结构,并利用它来撬动自己的智力和专业抱负。正如一所私立大学的资深国际事务官员向我们明确指出的那样,联合赞助是将二元性结合在一起的黏合剂。她说,跨学科是"这里的研究工作的常态","无论如何,倡议总是共同发起和共同推进的。因此,在任何情况下,学科院系和区域研究中心之间的界限是相当容易渗透的"。正如我们听到的其他许多人的观点一样,她注意到了她的大学管理上的分权特征。她说,在权力下放的情况下,联合赞助发挥了良好的作用:

> 所以每一个活动、每一个研讨会或会议——几年前有一个大的全球化项目——他们总是由校园里6—10个不同的实体赞助。做任何事情都需要从校园的不同地方获得经济和道义上的支持。

她说,这种合作的义务鼓励各方减少"内向性",她特别称赞了一个中心,它"倾向于很好地融入更广泛的校园议题和比较研究类的工作"。

这种理解学术工作的方式在我们的访谈中如此常见,以至于我们开始将其视为美国大学生活的一个普遍特征。一位中东研究中心的主任将自己的单位描述为"共享地理"和"共享与交流的载体",他还说:

> 教师在我们的活动框架内做什么在很大程度上取决于他们自己,很大程度上取决于特定区域的情况。如果政治系有人对媒体和公共组织或类似的东西感兴趣,通常是因为我认识这些人,他们也认识我,我们才能讨论周围还有谁可能是感兴趣的参与者、对话者或者加入进来的人,比方说研究生、周围的其他教

82

师、其他院系的人、附近大学的人或者更广泛的学术共同体的一
部分……这是我们所做的一件事，与我们周围实际存在的跨学
科性进行互动。只要试图利用我们中心有限的能力和机构，只
是为了推动事情朝着看似正确的方向，那就是涉及更多的人、产
生更大的影响。这是一种非正式的管理方式，在塑造我们所做
的事情的多样性方面发挥了一些作用。

中心的主任和副主任们承载并利用了大学机构的二元性和无政
府特征。西部旗舰大学的一位中心主任承认，他所在机构的正式组
织结构应该要求对岗位或校园范围内的倡议开展多级批准程序，但
实际上事情并非如此：

> 从技术上讲，如果涉及校园范围内的岗位或重大战略倡议
> 的话，这意味着像我这样的人应该先去找学院主任，由他去找社
> 会科学院院长，社会科学院院长应该去找文理学院院长，文理学
> 院院长应该去找教务长。如果它真的像那样运行，那将是一个
> 噩梦，因为人们什么也做不了，幸运的是它不是那样运行的。它
> 在设计上有点混乱，但它运行得很好，你知道，一旦你掌握了它，
> 它就运行得很好，我甚至会说这个模式有一些突出的优点，比我
> 见过的另一些从流程图角度来看更符合逻辑的模式更有优势。
> 这样做的好处是，因为我们有这么多的中心，这些中心在会议上
> 进行跨界合作……所以我们不受行政结构的限制，我们可以直
> 接找到源头。

"我们从头开始拼凑，"他继续说，"这样就建立了跨学科性。"

第五章
数字和语言

学术界长期以来一直在思索和担忧自己内部不和谐的音符。加
州高等教育总体规划（California Master Plan for Higher Education）的
首席设计师克拉克·克尔（Clark Kerr）曾说过一句名言：教师们之间
除了对停车问题的不满之外几乎没有什么共识。他认为，现代大学
组织层面的复杂性至少成功地做到了让千差万别的学者们能够并行
不悖地工作。[1] 在冷战的高潮时期，英国小说家 C. P. 斯诺（C. P.
Snow）警告说，学术界已经自我区隔为"两种文化"——科学的和人
文的，二者之间相互不理解且不信任。[2] 20 世纪八九十年代，要求跨学
科合作研究的呼声日益高涨，许多人曾认为这对于学术研究的启发
性和针对性都是不利的。[3] 现在，跨学科性是美国高等教育的正式目
标之一，与其他目标——可用知识、创新和多样性——一起，是大学
的教务长和校长在公开场合总是挂在嘴边的东西。

19 世纪末，美国大学的领导者们选择将课程和研究纳入学科院
系时，他们建立了一种学术再生产体系，从此对学术生涯产生了深远
影响。按照学科划分的院系组织强烈倾向于对学科抽象概念的研
究，倾向于用学科术语中定义的特定类型的知识。学者们开始认为，
他们的官方话语主要并且也更适合在学科专家中进行。其他受众和

对话被置于次要位置。每个学科的年轻学者都被鼓励既不把他们的研究导向更高层次的普遍性,也不导向象牙塔外的世界的特定问题。导师们告诉他们,用学科术语界定的问题是期刊编辑和教师招聘委员会最看重的问题。[4]

随着时间的推移,这个系统很好地保持了学术积累的传统,但在84某个特定时期,学科偏见会阻碍其他重要任务的实现。大学的资助人通常倾向于支持那些服务现实世界的问题:给地球降温、治疗癌症或者打赢战争。这就是为什么大学的管理者不只是谈论跨学科,而是积极鼓励和实现跨学科。要做到这一点,大学的资助人和捐赠者别无选择。[5]

非院系成了一种有力的抓手,使教学和学术训练能够针对现实问题而非学科问题。它们为从外部寻觅资源的雄心勃勃的管理者和具有创业精神的教师提供了很大的灵活性。非院系促进了学术单位之间的知识交流,为超越学科壁垒和其他藩篱的交流与合作提供了具有强大正当性的平台。至此我们已经强调了美国学术界的院系和非院系的二元结构如何促进了合作。不过,它的能力也是有限的。

正如《高等教育法》第六编资助所体现的那样,区域研究中心一直是非院系形式的范例。第六编资助的具体目的,是将学科专业知识用于可能为国际政策提供帮助的、以地理为重点的学术研究。然而,尽管这些中心向人文社科学者敞开怀抱,并且在方法上具有一定的普适性,但人类学、历史学和人文学者比经济学、政治学和社会学学者更频繁地使用它们。我们调查的指导性问题之一就是希望进一步了解传统社科学者不愿专门研究中东地区的情况。为什么在多年来系统地鼓励中东研究之后,美国在这一地区的经济学、政治学和社会学研究成果还是寥寥无几呢?[6]

为了找到答案,我们对 8 所案例大学的这些院系的学术负责人进行了访谈。这些人通常被视为各自领域的精英:世界上一些享有盛誉的研究机构的终身成员和领导者。我们请他们谈谈他们所在学科的同事如何看待以区域为重点的学术研究,以及博士生从事的区域研究在他们的部门内是否以及如何得到支持。对国际和全球事务以及跨学科项目负责人的访谈,还有我们对中心的主任(其中大多数也是教师)和负责日常运营的副主任的访谈,展示了这些校园中以区域为重点的社会科学研究的现状。这些对话透露出很多关于北美社会科学的知识和工作的组织方式的信息。

85

简而言之,我们发现,研究一种在美国之外任何地区的社会科学现象,并且采用普适视角外的其他研究路径,被视为学科院系的经济学、政治学和社会学学者的一种职业风险。在这些院系和学科特别是在经济学学者当中,专注于特定地区的工作被视为专业的异端。这种偏见是由三个因素造成的:(1)在这些学科中,理论研究和定量研究范式居于首要地位;(2)学习第二语言需要大量时间和精力的投入;(3)院系结构本身的地位等级,在社会科学中系统地鼓励专注于美国国家的或者地方中立*的学术研究,以此作为学科院系之间激烈的工作竞争的一种赌注对冲。

这些发现对我们在前几章中关于美国学术体系合作能力的论断提供了一个重要的警示。前文中我们讲到,美国学术体系中有院系和非院系的二元结构,以及校内合作的“石头汤”规范。而至少在经济学、政治学和社会学中,为了让优秀学生获得有声望的第一份工作和教职,导师们并不鼓励针对具体情况的探究。

---

　　*　地方中立(place-neutral),是指不关注某个具体地理位置的学术研究,强调的是具有通用性或普适性的知识,而不局限于特定的区域。

这些发现也有助于社会学学者加深对学术评价的理解。这一领域的研究表明,不同学科的学者对优秀研究的评价截然不同。学科分野形塑了不同的认识论假设和风格偏好,以及学者们评价彼此工作时的身份认同。[7]我们的调查揭示了评估学术质量的另一个维度。在经济学、政治学和社会学领域,好的学术成就与美国社会科学界的地位体系密切相关,其中声望最高的工作是学科院系的终身教职。什么是杰出的研究与学科教师们认为什么是好的工作密切相关。

在下文中,我们首先描述了社会科学学科赋予普遍理论知识而不是特殊知识的首要地位,并展示了这种价值等级如何给社科学者对区域研究的质疑态度创造了条件。然后,我们阐述了定量研究与定性研究的证据和技术要求如何强化了社科学者对理论知识和特殊知识的区隔。这些要求也鼓励导师们将定量或定性研究能力的培养视为除顶尖学生之外的所有学生的二选一选择。接下来,我们调查了研究生就业安排的必要性和院系的排名方案如何共同阻碍了特定背景的社会科学学术研究。最后,我们进一步考察了学术界对杰出研究进行评估的组织基础。

理论优先,地方其次

20世纪社科学者的一个明确目标是证明他们的知识问题与其他科学领域的问题一样具有连贯性和可测量性。这一目标只是部分地且偶然地实现了,但社会科学的确实现了作为学科的制度化。这一结果需要的是对具有所谓普遍性的抽象知识的积累发展。只有在经济、政治和社会现象可以被假设成普遍的和模式化的情况下,社会科学才能被科学化。成为该学科体系中的一部分意味着能够通过其特定理论框架的透镜来见识世界。[8]

与此形成鲜明对比的是,区域专业知识通过地方的视角来见识世界。从美国大学最早的文明研究开始,这一点就是确定无疑的。19世纪和20世纪初的区域专家是研究特定他者的学者,他们的学术身份和声望建立在与他者的真正交往的基础之上。一个人之所以被称为专家,是因为他在一个地方待过一段时间,研究过那里的文物,用过那里的语言,了解那里的传统,并能分辨出当地人"眨眼睛"和"使眼色"之间的区别。[9]冷战时期的区域研究,通过支持语言培训和地区旅行继承并扩展了这一传统。回到美国国内,至今按照区域划分科研和教学的根本原因是,特定的地区、语言、历史传统和社会制度以独特的方式融合在一起,这对学术研究和政策制定都是至关重要的。

这种侧重于研究区域特性的中心和侧重于研究抽象概念的院系之间的组织差异,与自学术事业问世以来人类社会生活知识生产中的长期紧张关系十分吻合。文化和社会现象的具体结构以及这些现象的普遍特征,两者在分析上的优先地位之间存在着张力。历史学、人类学和其他人文学者常常把细节放在首位,而经济学、社会学和政治学学者往往把规律性的变化放在首位,后者的特点是关注可能是普遍现象的多个具体案例之间的一致性。[10]这两种研究范式都有自己的支持者,也都受到了严肃的批评[11],并且在大学校园里长期共存,其间也许总是伴随着我们在田野调查中听到的尴尬。一位中东研究中心副主任同时也是奥斯曼文学领域的终身教授,对此清晰地阐述道:

　　　　似乎有这样一种看法,即研究中心与人文学科的关系相对比较近,例如文化、语言和文学等等,而与社会科学的联系较少。在我心中有两个答案,一个答案是,一些社会科学学科已经开始

87

用一套抽象的方法来建构他们的研究对象。当他们考虑建立他们的项目以及他们的项目对知识的贡献时，他们会从时间和地点中抽离出来。所以，他们不会从了解新的或不同的东西的角度来考虑，例如1940年的伊拉克。如果你是一名政治学学者，对知识的贡献不是去了解黎巴嫩或伊拉克的一些新的和不同的东西，而是发展一种新的民主理论……你可以把伊拉克作为你的证据（基础）的一部分，但关键不是要对伊拉克有太多的了解，而是要发现一些东西，用方法论（或）抽象的术语添加一些东西。这是一种元知识，如果我可以这么说的话。所以，部分问题在于学科特别是社会科学学科，如何以不同的方式建构自己、建构知识、建构对知识的贡献。当然，教师们必须想象他们作为研究人员在这些方面所做的事情，如果他们希望有所进步的话。

我们听到许多其他教师和管理人员谈论社会科学的一种趋势，即将研究从背景中抽离出来。一所顶尖私立大学的俄罗斯/欧亚研究中心主任，她本人也是一位政治学学者，将其描述为"社会科学学科的专业化"：

对普遍性的理论知识和系统的社会科学方法论的日益关注，以及对研究结果的可拓展性的渴望，加剧了学科招聘优先事项和区域研究需求之间的紧张关系。其结果就是，（这所大学的）所有社会科学领域中区域研究的师资力量都在长期下降，可能在其他地方也是如此。这一点在经济学领域表现得尤为突出，很多地方没有任何区域研究学者。

同一所大学的中东研究中心主任——同时也是历史系的资深教师,抱怨社会科学的"学科运动""远离特殊知识"……这种从具体到一般的转变被一些人错误地称为"理论",还有一些人盲目地称之为"科学"。他认为这一转变"非常令人遗憾"。

我们的受访者几乎一致认为,普遍知识优先于特殊知识的现象在经济学领域最为明显。经济学学者们强烈认同一种可以应用于任何背景或议题的通用方法,经济学专业的研究生被培养成某个研究议题的专家,而不是某个区域的专家。一所大型公立大学的资深国际事务官员同时也是社会学学者打趣地说,经济学"就像物理学"。你研究什么地方都无所谓。"经济学是一个长期存在的问题,"一位俄罗斯/欧亚研究中心主任说,"你可能知道,经济学这一领域已经更多地面向普遍理论……它对地区的兴趣不大。"中心主任们纷纷用"有问题"和"不可能"之类的词描述经济学系。一位南亚研究中心主任认为,经济学学者把自己想象成"超越地方的"。一位中东研究中心的行政官员直截了当地说:"最好的经济学学者不研究区域。"

对经济学学者的访谈证实,他们的学科优先考虑的是普遍知识而非特殊知识。正如一位系主任所说,这个领域不是关于具体的经济或地方,而是关于"理论、模型和工具"。"经济学学者本质上不是多学科的,"在提到他所在大学的性别研究项目和经济系之间的争论时他说,"他们对什么是经济学的看法和我们的看法就像是两个世界。"另一位经济学教授明确表示,对于经济学学者来说,一个问题最重要的特征是其普遍特征而不是具体特征:

> 经济学大多涉及超越国界的问题,我的意思是需求曲线在这里向下倾斜,在中国向下倾斜,在任何有市场的地方都向下倾

89　斜……当然，对于发展和转型经济学来说，拥有丰富的制度知识和区域知识也是很重要的，因为这些已经成为重要的因素。我的意思是，例如假设你在研究人口趋势，你可能需要知道一个国家在宗教信仰上是同质的还是异质的，因为不同的宗教在节育和计划生育方法方面有不同的教义，所以这显然是非常重要的……但是另一方面，获得这方面的知识可能要付出极大的成本，并且你可能会被视为研究领域相对狭窄的学者。

经济学系的系主任们非常清楚，他们的解释模型是最重要的。世界提供了检验这些模型的案例。正如其中一位所说："要理解他们的人口普查数据意味着什么，我不需要说他们的语言。这是错误的做法。"当然她也承认，关于文化的知识在某些情况下可能是有帮助的，她提到了她在印度做的一个关于消费模式的课题：

　　要想从这些数据中找到有意义的东西，你必须知道的一件事是，在一些节日里人们会花很多钱。所以如果你观察一个人这一年的花销，你会发现和这些节日有关的花销有明显的峰值，你会出去买新衣服或者买很多食物，或者传统上每年的这段时间会有很多婚礼举行。所以你必须知道如何算出这些数据，但你不需要在那个国家过一辈子来搞清楚这件事。

但对于这种对文化的让步，这位经济学学者补充了一句批评："我只是觉得，一些区域研究的学者试图设置进入壁垒，以使他们的知识更有价值。"另一位系主任则稍显圆滑地表示："经济学研究不是在文化真空中经验性地进行的，但我不会说文化是我们的首要影响因素。"

　　这种傲慢经常惹恼经济学学者的其他学科同行,并且在学术风格的模式上也有所体现。发表在经济学期刊上的文章引用的其他学科论文远远少于其他学科的期刊。[12]现在,经济学的概念框架和学术语言在引用社会科学的公共话语中占据主导地位。[13]许多有影响力的国家级政府政策岗位都由专业的经济学家担任。毫无疑问,当下经济学在话语和政治层面都占据支配性地位,因此我们对于经济学学者及其批评者在我们的受访者中独树一帜并不感到惊讶。[14]

　　区域专家对经济学学者最为不满,但我们发现,政治学和社会学　　90
学者对学科和区域研究之间的紧张关系也有类似的看法。一位政治学教授引用了"沉浸与扎根"*这一老话嘲笑区域研究的研究人员,认为他们看重的是用长时间的投入来吸收当地文化,并沉浸在田野或者扎根在档案中:

　　　　过去和现在,在那些真正的"沉浸与扎根"式的区域研究中存在着分歧。他们说"这个地方是独一无二的……对事物并没有通用的解释,你知道……他们是我的农民,我研究过他们,或者他们是我的工会,我了解他们"……没有太多真正有价值的比较,因为一旦你开始比较,你就失去了所有的丰富性、细节和诠释性分析……与那些更倾向于理论的人相比,那些更倾向于比较的人会说,"是的,当然从某些角度来看一切都是不同的,但也有一些东西可以概括"。

---

　　* 沉浸与扎根(soak and poke),是对于区域研究专家经常使用的参与式观察方法的玩笑式说法。

另一所大学的一位中东研究中心主任（他本人是一位颇有成就的音乐学学者）认为，政治学学者最初可能会专注于某一特定地区以发展他们的理论论点，但地理上的专业化"不是职业发展的正道"：

> 叙利亚问题专家不是你的职业。你的职业是一名政治学学者，你可能在生命中的某一时刻去过叙利亚，但之后肯定需要去其他地方证明，你的研究方法也能在其他地方发挥作用。

他接着解释说，一个人必须在多个地方使用理论工具，基于他所研究的每个地方来提炼理论，才能得到"真正的理论"。他认为这"阻碍了人们从区域研究的角度来考虑职业发展"：

> 我认为它阻碍了那种对人和地方的真正的终身奉献，而我认为这对于区域研究是至关重要的。我认为失去这一点让人们或感到内疚或担心，这是一个有点棘手的问题。我认为，当人们面对终身教职评审时，评审者希望看到的是那些已经完成了第一个项目，并且开展的第二个项目看起来与第一个项目不同的人。所以我认为这种方式的要求是，在阿拉伯世界的一个地方做过研究的人会被要求在阿拉伯世界的另一个地方做他们的下一个项目，或者做过一些特殊区域研究的人会认为他的下一本书必须是更具普遍性和理论性的东西。

关于作为区域专家的这些话，同一所大学政治学系主任的直截了当的声明似乎特别能引起共鸣。在谈到他们系的招聘偏好时，他说："我们想要的是那些真正有所成就的人，他们既拥有区域知识同时也是政治学专家。"

尽管对政治学系主任的访谈让人毫不怀疑该学科的普遍主义野心,但强大的比较传统使得政治学学者比经济学学者对区域研究更友好一些。一所大型公立大学的政治学教授似乎对此很自豪,他说"大学里可能没有一个系比我们系更加国际化"。他说他的系"在比较研究领域实力雄厚,大约有 15 名教师和许多研究生,其中大多数人都有海外经历",他们经常求助于区域研究中心来资助这种旅行。"我对区域研究持同情态度,"他说,

> 我支持对世界某一特定地区的特殊知识开展区域研究的主张。但你所描述的紧张关系在这里也存在,因为区域研究的范式一直受到攻击。我们当然有倾向于普遍适用的规范理论的教师,他们认为区域知识是非必要的甚至是令人讨厌的,因为它妨碍了知识的普遍化。但我想说的是,我们在比较研究领域的教师们总体上是面向特定区域的。他们对区域研究持同情态度。

与政治学领域的同行一样,社会学学者对区域专家在其研究项目中的地位有些模棱两可。美国排名最高的社会学系之一的系主任轻而易举地说出了十几位专注于北美以外的世界区域研究的教师,包括他们的全名和研究方向。但她补充说:"可能在全国范围内研究美国的人比研究其他地方的更多,所以我们系看起来很不寻常。"另外两位社会学教授告诉我们,从事国际研究的风险主要来自他们学科对美国和欧洲(程度稍轻)的重点关注。其中一位说:"例如如果我们的学生想研究越南的教育问题……我不知道他们如何能够显得与学科有关,我也没看到多少研究泰国、柬埔寨等地的人。"他表示, 92

这样的研究很难融入学科讨论。"我认为，如果有人这么做了，并且在美国社会学协会（ASA）的教育社会学方面的会议上做了发言，这会被认为有碍观瞻。"另一位解释说，"社会学的比较研究主要在欧洲和美国之间进行，其理念认为欧洲社会比其他社会更接近美国社会"。

学科知识和特定区域知识之间的这种紧张并不是什么新发现。即便关于区域的学术研究在冷战期间达到高峰，社会科学领域的许多学者仍然对它们持怀疑态度。正如历史学家大卫·恩格曼所解释的那样，尽管作为区域研究赞助人的政府机构"想要关于语言、文化、社会和政治制度的详尽知识——并非前沿的学术研究"，学科的学者仍然认为区域研究是"不系统的、孤立的、仅凭印象的"。[15] 著名的亚洲学者 R. A. 帕拉特（R. A. Palat）认为，学科研究者通常认为"他们那些从事区域研究的同行不具备提供与规范社会科学相关的见解的能力，因为他们在特殊主义的研究中花费了太多时间，这使他们偏离了对'理论'的研究"。[16] 我们的访谈表明，区域研究学者有一种感觉，即学科教师没有用平等的眼光看待他们。我们之前引用的音乐学学者同时也是中东研究中心主任"觉得中东研究受到的重视有点低"，他感觉在学科教师中"区域研究人员在某种程度上没有被认真对待"。

有人认为，学科教师对区域研究的谨慎态度与作为质量衡量标准的排名项目的兴起有关。现在，《美国新闻与世界报道》（*US News*）等第三方机构会对社会科学院系进行排名。毫无疑问，排名会引起教师和学术管理者的关注。[17] 因此，我们的一些访谈对象在讨论区域研究对大学的价值时引用了排名，对此我们丝毫不感到惊讶。一位公立大学负责全球事务的副教务长表示，排名方案没有经过校验以纳入区域研究中心的学术研究成果。她提出，如果有一个重磅排名列出"在与区域研究项目合作方面名列前茅"的院系,这将产生巨大的影响。她说,政治学系的声誉建立在国内研究的基础上,这一事实"给招聘和向国际领域延伸的思维带来了阻力"。一位俄罗斯/欧亚研究中心主任表示,如果不顺应本学科的知识潮流,学科院系将很难在全国范围内参与竞争:"他们必须遵循大趋势……他们的排名取决于此。这可能会违背国家利益,我认为确实如此。但如果你试图说服一位政治学学者让他改变优先次序,那还是算了吧。"

谋生的手段

从事研究所需的技术技能的实质性差异,加剧了学科抽象化和区域专业化之间的紧张关系。学术研究是一种生产行为,它需要昂贵的资源投入。最重要的成本之一是时间,学者们得到的补贴不高,他们的研究时薪相对较低,尤其是在作为研究生时。另一方面的成本是通过努力训练以掌握某一特定领域的理论和方法。这就是为什么读研究生要花费这么多时间,也是攻读博士学位的整体机会成本如此之高的部分原因。

在现代社会中,数字的权威性越来越高,这反映在社会科学博士课程中对定量方法训练的期待越来越高,以及定量分析在经济学、政治学和社会学领域的首要地位。现在,定量数据通常被认为能够比任何其他形式的证据更好、更清晰、更可靠地反映现实。定量数据的优势和无孔不入,加上计算技术的巨大进步和定量方法的高度成熟,不断提升着在社会科学中产出有用的定量研究所需数学技能的基准。现在,博士生们要修炼数年的时间才能获得导师眼中最基本的统计能力。他们在今后的职业生涯中还要为如何跟上所在领域定量方法的发展而犯愁。[18]

积累定性数据并精通其分析同样花费不菲。不过,定性研究的资源需求是不同的。我们在这里将"定性"数据定义为任何类型的用非数字记录的经验证据。在社会科学中,定性数据几乎都是语言文本:档案文件、访谈或实地观察记录、书籍和文章。当需要学习新的语言时,发展定性研究所需的技能代价尤为高昂。我们可以想一想,为了能够用当地方言交谈或阅读古代文献需要投入多少时间和精力。仅仅收集定性数据的成本也很高。考虑一下搜集或仔细阅读大量档案,或进行可靠的民族志田野调查所需的时间和注意力。这些成本代表的是对特定的人物和地点的研究投入。

相比之下,定量学术的成本是对研究技术的投资,这些技术是普遍适用的,至少被宣称如此。某一特定的定量方法的专门知识,如事件史或者断点回归分析,被假定适用于诸多经验背景,只要能拿到必要的数值数据。当研究世界特定地区的学者投身于语言和方言的学习时,定量研究学者投身于统计学——北美社会科学的元语言。语言的特殊主义和数字的普遍主义之间的天壤之别,对社会科学学术的组织有着深远的影响,这关系到导师培养博士生时的优先次序,也关系到社科学者本身的知识身份认同。[19]

社会科学的系主任们非常了解他们的研究生时间有限,并且他们的学科对定量技能和语言技能有不同的回报。一位顶尖政治学系的副主任清楚地解释了这种紧张关系:

> 我看到的一个困境是,随着这门学科的技术要求提升,一个想同时拥有(语言和定量技能)的学生就会在四年级的中文和三年级的统计课程之间左右为难。换句话说,如果我们认为好的定量研究背景在过去是上两门定量方法课程,现在是四门,这就

会影响那些想上三、四、五年级语言课程的学生。我的意思是这不是不可能的,但你知道我的意思吗? 这种紧张气氛一直存在,而且随着政治学学科的技术进步而日益严重……有研究中国问题的政治学教授说,"三年学不好中文";但也有研究方法论的教授说,"两年学不好统计"。

另一位政治学系主任谈到了他所在领域的分歧:

　　那些常常隶属于区域研究中心的人认为,从事这类工作的最佳方法是深入地沉浸在一个特定的地方,掌握当地的语言并对当地的文化和历史有深入的了解,由此而来的是对一个案例的深刻认识并有能力对单个案例进行有力的阐述。这是更古老的传统……还有一个更新、更现代的传统,它倾向于对多个案例进行统计分析而不是民族志或者田野研究。

这位系主任说,在关于研究生培养的决策中,这种紧张关系十分明显。"如果我们要开设一门比较政治的核心课程,应该教什么内容,应该教什么方法? 我们应该期望学生能够做到什么?"一所大型公立大学的资深国际事务官员说:

　　最近几年,区域研究项目和政治学之间的紧张关系实际上有所激化而不是缓解。在 10 年前,它们之间的关系可能要好一些。但随着该领域朝着强调定量的方向发展,我认为他们已经意识到……如果他们的任何教师对某一区域的研究感兴趣,那么与定量研究专家相比,他们就低人一等。

参加区域研究项目的人一致认为,在语言技能方面的必要投入可能是巨大的,尤其是对于那些在语音上与英语相去甚远的语言。正如一位中东研究中心的副主任所说:

> 你不可能在两年内培养出一个能说一口流利阿拉伯语的人。这不太可能。我的意思是,可能偶尔会有一些次天才(subgenius),他们非常擅长语言,如果他们专注于语言,可能在两年之内变得非常精通。但你不可能建立一支这样的队伍……你不可能建立一个大部队只是为了完成政府现在所需要的基础性工作……我的意思是这是一个真正的问题。这是我们一直在努力解决的问题。

考虑到中心的官方职责是促进语言教学,中心的工作人员认为语言学习作为一项学术工作的地位不高并对此颇有怨言,这也许并不奇怪。一位中东研究中心的副主任断言,美国人倾向于认为:

> 语言教学不是一项智识活动,而是一项技术活动……(虽然)它非常耗费时间精力,涉及特定的技能,但(它)不像——呃,我不知道——写一本历史书那样是一项真正的智识活动……这在一定程度上代表了关于什么是智识活动的合法形式的观点差异。

对于系主任们而言,他们总是需要在语言或统计技能的投入之间做权衡。一位经济学系主任说:

我们真的不能一厢情愿地鼓励人们出去做一些事情,比如从头开始学习另一种语言,因为他们在经济学的学术市场上不会得到任何认可。他们只会因为研究的内容而获得认可,而不是因为研究涉及的特定区域或者语言。

一位顶尖社会学系的系主任说,他不鼓励美国人研究中国:

因为中国的社会学学者会把他们甩开一大截,除非他们在语言方面非常精通,并且从很早甚至是本科阶段就开始学习……除非他们真的非常非常专注。我不建议他们这么做。

无论他们是否赞同,受访者普遍认为,社科院系优先考虑的是定量研究技能,而不是在国外进行特殊主义的探究所需的技能。下面详细引述一位长期在著名私立大学工作的资深国际事务官员的话,她将自己在国际关系领域杰出的学术生涯奉献给了对区域研究的支持:

过去的30年里,在方法论方面,新的算力带来了不可思议的机遇。开发和推广那些主要由数字来界定的方法带来了巨大的激励。现在你可以操作巨大的数据集,所以你想要拥有和使用巨大的数据集,诸如此类。所以这是一种推力和拉力的双重作用。一方面是出于"我不想和政策官员打交道"的推力,另一方面是大数据和算力的应用可能性所带来的魅力和兴奋的拉力……所有这些都意味着,美国以外的世界稍显混乱,而关于美国以外世界的可用数据集又让人沮丧。如果你想成为一名炙手可热的政治学家，你需要的是能够清晰地描述成千上万个数据点的东西，不管是国会投票还是民意调查还是别的什么，这些都很有趣……我能理解为什么这很有趣。新技术的使用确实是一马当先……但这也意味着，所有的激励因素都齐刷刷地指向远离思考中东问题的尝试，因为那里没有数据点……没有人做调查，或者你知道，那里的经济数据完全是肮脏甚至丑陋的。我是说它完全不值得一看。

那些使用大型"干净"数据集的研究者所获得的高额回报，加上世界许多地区缺乏此类数据，这些因素都在阻碍对特定区域的研究兴趣。

好的工作

所有这些都对最基本的学术过程——再生产——产生了影响。在大多数学术传记中，身份认同、安全感和声望的代际传递是至关重要的。作为个人，资深教师寻求将他们的知识遗产延续到下一代。他们共同努力，通过将学生送入名牌学校来提升他们院系的声望。为了实现这些目标，他们精心培养学生，使其做好进入学术劳动力市场的准备。

学术社会科学中的顶级职业领域是学科院系里的终身教职。终身教授是学院的婆罗门阶层，他们在自己的时间安排、课程规范、门生培养以及任命自己的接班人方面拥有极大的自主权。当然，并不是所有的此类工作都是平等的。终身教职的相对地位因学校类型、招生选择、机构财富和学术声誉的不同而有天壤之别。美国的高等教育因其种类繁多和等级森严在国际上独树一帜。指导学生这一任务的关键是确保自己的学生在这个等级体系中处于最高水平。此外,在每个大学的校园里,终身教职教师与数量庞大且不断增长的其他同事共享工作场所:讲师、博士后以及无数的研究和行政职位。尽管这些职位的地位普遍低于终身教职,但它们却能提供学术地位和相当程度的学术正当性。这是一个错综复杂的、精心划分的世界,资深教师要让他们的学生准备好进入这个世界。

系主任们认识到,他们院系的声誉直接影响到学生的就业安排。顶尖院系热衷于只从拥有同等声誉的机构聘用初级教师,这并非偶然。正如在婚姻市场中,人们总是选择在社会经济上与自己门当户对的伴侣一样,学术就业市场中的各方也明白,自己的地位与就业匹配的方式密切相关。[20]有抱负的系主任们把安排优秀学生到最有声望的院系和大学作为自己的职责。学科院系如何培养他们的下一代学者——德国人称之为接班人(*Nachwuchs*),即那些将要在该领域发展壮大的人——揭示了整个学术体系的地位动态。[21]

社会科学的系主任们明确表示,他们不鼓励学生专注于国际研究,因为他们的学科核心是围绕美国国内问题组织的。这一点在我们对社会学系主任们的访谈中表现得尤为明显。社会学的就业市场青睐美国国内问题的研究,正如一位系主任直截了当表明的,"国家的知识领域仍然高度专注于美国社会"。另一位系主任形容社会学"一直以种族为中心,关注美国,大多数人对任何外国社会学的了解都是微乎其微的"。当谈到研究生的就业问题时,他说:"对于社会学学者来说,要想在就业市场上有竞争力,你需要学会用一般社会学研究的行话来写作和发言,所以在某些方面,你不希望他们过于拘泥于特定区域的研讨会和项目。"第三位系主任认为,更有竞争力的候选人是那些对广泛的、非地区性问题感兴趣的人:"对性别问题感兴

98

的社会学学者，如果碰巧在突尼斯、墨西哥或者其他某个地方工作，可能会比研究墨西哥或突尼斯的专家有更多的工作机会。"另一位社会学系主任指出，从事国际研究的教师在证明自己的贡献以及让他们的工作受到学科受众的关注和尊重方面有负担：

> 你必须做很多的铺垫工作，就像给自己搭个舞台。我认为人们很容易问："你为什么要研究这个？你为什么不研究我们真正感兴趣的美国社会？"我是开个玩笑……这更容易。这是可知的，对吧？你知道，我们有这么多的过程和理论，如果不是特别关于美国社会的话，至少也是基于西方社会的。所以我认为这里存在着一个额外的障碍，一种智识上的负担。

政治学教授们对国际研究的谨慎态度不是那么坚定，但他们一致认为，对理论知识的贡献是必不可少的。一位政治学系的系主任指出："与几年前相比，地区知识的重要性意识日益增强，我是说，你可以讲授民主化理论，但在一定程度上你必须使它与世界上正在发生的事情产生关联。"

99　　一位俄罗斯/欧亚研究中心主任，同时也是他所在大学政治系的教师，对系里的同事着手聘请区域研究专家感到高兴，但他明确表示，候选人具有很强的学科资历："我们向两位俄罗斯政治方面的专家发出了终身教职邀请，他们都是社会科学领域的资深人士，在被视为比较政治学学者的同时也是俄罗斯问题专家。"

在经济学领域，关于普遍模型而不是具体地方的学术研究是绝对优先的。一位经济学系主任说，他的学科不提供区域研究方面的训练，而是围绕方法论和广泛的议题领域进行组织。他直截了当地说："经济学学者说外语是非常罕见的,这不是我们培训的一部分。"
他补充说,因为全世界的经济学教学语言都是英语,所以没有必要学
习外语。正如我们之前提到的经济学学科的傲慢,这位系主任很乐
见学科的统一性,这是使得经济学如此强大的原因之一:

> 大多数经济学学者都使用非常相似的模型,这是一种非常
> 简约的思考世界的方式……经济学学者是一种帝国主义者,所
> 以我们愿意研究几乎任何主题,但我们倾向于闯入而不是合作。

另一位经济学教授在描述他所在大学拉丁美洲研究中心的一些
访问学者时表达了类似的看法:

> 他们不是我们真正想要吸引的那种经济学学者。他们是有
> 政策考量的人。所以让他们来参加研讨会是有趣的,但从我们
> 的角度来看,我们不可能为他们建立一个系。我敢打赌,(公共
> 政策学院)……会认为"这就是我们想要的那种经济学学者"。
> 好吧,但他们不是我们所要的。

这就是资深教师要让他们最优秀的学生准备好进入的学科环
境,他们小心翼翼地把学生安排在最有利的位置。高水平的语言训
练、田野工作的准备和旅行,以及对学科理论、当前议题和精密方法
论的精通,在它们之间保持平衡是一项艰巨的任务。一位顶尖政治
学系的系主任指出,对于想要将区域研究的专业性与学科训练结合
起来的学生来说,"挑战是艰巨的":

100　　　特别是对于那些一开始就没有语言基础的研究生来说,他们必须学习这门语言。在这门学科中,(他们)也承受着学习不同方法论的巨大压力,特别是在形式化方法和统计学方面……而学习一些语言需要花费很多时间……(这)几乎就是一个零和的状况,因为语言的习得需要太多时间。

它意味着"同时掌握两个非常复杂的东西……这是一个艰难的组合",一位资深国际事务官员言简意赅地说。

同时掌握学科技巧和培养语言技能的需要与海外田野研究时间之间的冲突,并不局限于研究生。几位系主任谈到了初级教师面临的类似挑战,他们的聘期限制了掌握新技能或者进行学术旅行的可能性。"如果你想学习一门新的语言,尤其是对初级教师来说,这始终是一大挑战,"一位顶尖政治学系的系主任解释道,"考虑到聘期,这是非常危险的。"同一所大学的社会学系主任强调,初级教师不要打算在获得终身教职之前学习代价高昂的新技能:

　　　　如果他们想研究那些需要掌握新技能的国家,他们不能在这里学习这些技能……如果你想研究阿拉伯世界,你永远不会获得终身教职。嗯,你问我有什么案例吗?我肯定有这样的案例,但我一时想不出来,这显然非常罕见。哦,不,不,也不完全是这样。我认识一个人,他现在(在另一所大学)。(他)在德国殖民统治的多个地点从事多案例的殖民主义研究。其中包括中国,他学会了一些中文。他是一个非常特殊的人。他是在获得终身教职后才这么做的。

几位系主任提到,在申请教职的人才库的顶端有一些杰出人才,他们能够掌握高超的方法论和学科素养,同时还能掌握纵深的背景知识。但这样的人才凤毛麟角。当被问及学者们是否能够将区域专业化与核心学科训练结合起来时,这位社会学系主任承认:"只有少数精英才能做到这一点。"他的同事、政治学系主任,在这个问题上也有类似的思考:"我们中的大多数都是凡人,仅仅是凡人而已。"

学科视角下的学术评价

知识社会学的学者早就发现,学术界对于如何定义好的乃至有价值的学术研究方面存在很大的差异。虽然此前的研究主要从学科和方法论的角度分析了质量评估的变化,但我们自己的调查揭示了学术评价领域(至少在社会科学领域)在特殊主义和普遍主义研究范式之间的另一条不同路径。这条路径一部分是社会科学学科核心生产抽象知识的专业理想的遗产,另一部分则是学术工作场所组织的作用,它强化了学科高于区域的优先地位。在评估特殊主义和普遍主义学科知识的方式上的差异,似乎与评估者在校内工作安排中的立场相呼应,这些安排将抽象社会科学研究安置在学科院系中,而将区域研究安置在学科院系之外。

在一位中东研究中心主任(他是一所顶尖私立大学的历史学教授)看来,在社会科学领域,学科知识比区域知识更重要是再明显不过的事情,以至于我们有关这一点的提问引发了带有讽刺意味的回应。他开玩笑说,与经济学学者一起工作不仅是"困难的"而且简直是"不可能的",并反问我们的访谈对象:"你遇到过经济学学者吗?"他甚至对我们的访谈者深入探究这些动态的尝试语带奚落:

101

你说"真的吗?",好像你刚刚听说这件事。请……不要假装
你很天真(笑)。我的意思是,政治学领域有一种趋势,即淡化区
域知识的重要性……而强调量化的东西。鉴于世界上九成的国
家没有定量(分析)所需的数据,这基本上将他们的研究限制在
美国和其他几个发达国家……政治学领域中有些人对此进行了
斗争。而经济学是一个障碍。

他建议,激励各学科参与区域研究的最好办法是提供资金,"对
不屑一顾的他们诱之以利。我的意思是我想不出什么别的办法"。
在他看来,区域研究中心的作用是提醒人们,"重要的是要有深刻的
知识,要有语言知识",并帮助把"那些因各自学科的愚蠢偏狭而不愿
相遇的人聚集在一起。我们认为这些事情很重要,我们就是这么做
的"。这位受访者和其他许多人如此生动地谈到这些问题,这并不令
人惊讶。身份和情感交织在一起,推动着学术成果的产生和对批评
的持续辩护。[22]

102   对于什么是好的、有价值的社会科学的看法,取决于一个人在学
术工作体系中所处的位置。在找工作的话题上,我们访谈的系主任
是有偏见的信源。他们在顶级社科院系的领导地位使他们倾向于将
学科的优先事项作为自己的优先事项。其他受访者则指出,从事区
域研究的社科学者在学校里有工作,即使他们不太可能被安排在学
科院系。相反,他们可能会在公共政策或教育专业学院任职,或者在
专门从事区域研究的非院系单位任职。正如一位南亚研究中心主任
所说:

我是一名训练有素的经济学学者……但我根本不适合经济

系。因此，从某种意义上说，我们已经把重点从经济系转移到了我们想要讨论的议题上……我们中的一些人从事发展研究，另一些人从事相当细致的经济学研究，但我们不适合经济学学科。

一所顶尖私立大学的俄罗斯/欧亚研究中心主任说："有一些从事转型经济等领域研究的经济学学者，不过他们不会申请我们的经济系。他们可能会在公共政策学院得到聘用。"

对于大学里那些要么自己从事区域研究要么欣赏他人的区域研究的社科学者，那些同时担任区域中心主任或副主任的社科学者把他们叫作"天然的""盟友"。这所大学另一个研究中心的主任，一位著名的经济史学家解释说：

那些在文化和语言上具有特殊性知识的人与那些在专业学院里做应用研究的人之间，存在着天然的联系。但是大学的结构使得中东研究中心往往被纳入文理学科领域，由于科层体系和其他方面的阻碍，他们很难与那些在研究中实际使用具有文化特殊性的信息和知识的人联系起来。因此，那些倾向于研究数据和图表的人被困在学院里，而这些数字和图表并不具有文化特殊性。因此我认为区域研究中心面临的挑战是，与那些特别需要特定文化知识和语言研究的人们建立更多的创造性联系。你很难在经济系找到一个把自己视为拉丁美洲专家的人。但如果你去公共政策学院，那里有四位主要研究拉丁美洲政策和发展经济的经济学家。再看社会学系，众所周知社会学是一个种族中心主义的领域，他们很少有区域研究的专家。你会发现很少有人了解拉丁美洲或其他地区。但是如果你去教育学

103

院,你会找到一些研究拉丁美洲的教育社会学学者。所以,区域研究中心有一些东西可以将它们与专业学院自然地联系起来。

大学确实为面向区域研究的社科学者提供了空间,即便可能只是偶尔在经济学、政治学和社会学等文理学科的核心院系。相反,他们追求各种策略,为更具特殊性的学术研究营造空间。联合雇佣就是一种策略,正如一位南亚研究中心主任所说的,它可以"转移院系最糟糕的天性"。维持非院系是另一条广阔的路径。专业学院的聘任也是如此。

这种区域研究的组织方式显然对学者本身的身份认同产生了影响。一位中东研究中心主任(他本人也是一位历史学者)向我们介绍了一次学术交流的情况。"我认为这是一个身份认同的问题。"他说:

> 吃午饭的时候我和一个人聊天。这个人的每一篇文章和每一本书都是关于某个中东国家的。我在谈话中把他称为这个国家的专家。他有点僵住了,他说:"不,我不是中东问题专家。"但他发表的每一篇文章都是关于中东的!但这是个身份问题。当你研究某些领域的时候,你应该被视为一位理论家,而不应该局限于"我研究中东""我研究拉丁美洲""我研究墨西哥"或者"我研究德国"这样的框架中。你应该是一个可以进行全球研究的人,对吧?所以我认为理论研究领域往往是这样的。社会科学都有这种倾向。

这一切都是联系在一起的。在社会科学学科的概念层次中,知识的理论抽象和定量形式优先于特殊主义和语言形式,而大学的组织和声望结构以及学术身份中固有的地位政治又进一步使之强化。所有这些都会对教师如何评估学术研究的质量以及他们如何培养接班人产生影响。

第六章
世界眼里的美国大学

在研究伊始，我们提到的 8 所大学已经积累了大量关于世界其他地方的知识。构建文明图式的美国学术前辈留下了关于他者的历史和人文研究的长久遗存，以及海量的偶有精品的书籍、手稿和其他代表各种文化遗产的文物藏品。

在两次世界大战期间，特别是二战之后，国家规划的制定者增加了对世界各地进行社会科学研究的项目，并为可能服务于美国海外利益的语言和其他教学提供了更多的联邦资助。我们的研究重点一直是由《高等教育法》第六编资助的区域研究中心，但它们只是 20 世纪六七十年代如雨后春笋般在大学中涌现的诸多非院系的一种。花样繁多的现代化和发展理论及其批判传统，在一个备受推崇和慷慨资助的冷战学术界中共同成长。冷战的结束和州政府补贴的长期紧缩结束了学术繁荣的黄金时代，但在短短几年时间里，美国研究机构基本上重述了它们的身份叙事。作为第三种学术图式——国际主义图式的标志，高等院校的领导者开始意识到自己是"全球"大学。他们为大学肇始自中世纪的世界主义许诺注入了新的活力，更多的外国人被吸引到他们的校园中，也有越来越多的教师和学生走出国门。他们与其他国家的政府建立了战略联盟，在远方的国度建立了卫星校园,并积极争取来自世界各地的资助人。由于这些新的国际化的活动并不一定取代以前的活动,美国大学变得越来越复杂。他们累积了更多的思考世界的方式,也累积了更多的单位帮助扩大它们的国际影响力。

在前几章中,我们揭示了大学如何生产美国国界之外的社会知识的几个重要方面。我们已经阐明,随着时间的推移,大学在看待世界方面保留着几种非常不同的图式的清晰印记(第一章),而冷战的几十年对今天美国学者所在的大学的特征产生了尤为重要的影响(第二章)。我们阐述了美国大学内部组织生态的多样性、复杂性以及良性竞争(第三章)。我们详细介绍了使校内的单位能够开展日常合作的合作规范(第四章)。我们还解释了经济学、政治学和社会学等学科院系对海外区域调查所持的几种矛盾态度(第五章)。在最后的结论部分,我们考察大学如何应对美国学术界所面临的政治和赞助方面的长期变化,并特别对社科学者如何引领学术界的未来提出建议。

冷战之后

二战重新定义了美国在全球地缘政治中的位置。除了巩固和维持欧洲的东西边界之外,美国政府实际上在世界事务的方方面面都有一定的介入。它在各种各样的问题上谋求或推行其立场:农业发展、文化交流、后殖民过渡、全球贸易。正如思想史和政治历史学学者详述的那样,联邦政府高度依赖大学来提供 20 世纪美国全球霸权所需的人力资本、技术和概念框架。正是在这一时期,诞生了被克拉克·克尔称为"多元大学"(multiversity)的组织巨头,该机构对许多方面来说意义重大,但在一个长达数十年的多领域的全球治理工程中,它可能主要是华盛顿的学术仆人。对于美国的高等教育来说,这是一个令人兴奋的时期,在这个时期,区域研究汇流成了本书研究对象所邂逅的形态。

美国大学内部区域研究的组织形态是多个美国政府机构、有影响力的学者和大型公益机构之间共谋的结果。官方的目标是生产能够为美国外交政策提供信息的知识,并将社会科学打造为战略工具,以备未来之需。协商的这一结果似乎是多赢的。政府机构将获得用以推进其世界事务目标的深刻洞察力。社科学者及其所在机构能够提升能力、扩大影响。公益事业则因帮助建立一种有道德的开明的现代性而得到赞誉。

他们通过致力于区域研究的组织单位的形式继承了冷战几十年的遗产,他们的话语也让我们的书页丰富多彩。然而,当我们在 2004 年开始安排访谈时,他们所在的学术界已经发生了很大变化。技术进步几乎改变了经济活动的方方面面,重塑了工人、雇主、消费者和地方之间的基本关系。人文历史学者越来越深入地挖掘所谓后殖民世界的帝国底蕴,揭示了地理上遥远的地方之间越来越多的联系和相互依赖。超越国界限制的引人注目的新的宗教和军事联盟正在重塑国际政治,并颠覆了许多学术理论。与此同时,人类和他们的文化产物在几乎所有的距离和边界上自由流动。对许多人来说,将区域视为一以贯之的研究对象似乎已成往事。[1]

在这一背景下,我们的研究聚焦于两个中心问题。首先,我们想要洞悉全球化新时代下以区域为重点的学术研究的命运。当社会生活的许多特征逐渐变得要从地理上的分布和无国界特征来理解时,围绕特定区域的知识生产发生了什么变化? 其次,我们想要了解为什么社科学者对世界各地区的研究,尤其是中东地区和伊斯兰世界的研究以及更广泛意义上的区域研究，一直是如此含糊不清。下面是我们得出的概括性结论。

新的资助人

我们的访谈对象都在一个非常多变的高等教育生态中工作。但当我们找到他们的时候，那些曾经催生我们所知的现代美国研究型大学的冷战期间的合作契约，已经被大大削弱了。联邦政府对研究的资助并没有减少，但多年来也没有增加，这使得对拨款的竞争一年比一年激烈。公立旗舰大学从州立法机构获得的资金正在减少。公立和私立大学的学费都在以超过通货膨胀的速度稳步上涨。公立旗舰大学寻求新的收入形式以弥补失去的政府拨款，并进一步提升自己的声誉，它们急切地吸引更多的外州学生，以及越来越多的海外学生——这对我们的研究目的尤其重要。

教师聘用、语言培训、公共服务倡议、旅行……所有这些都需要花钱。没有大量捐赠的区域研究中心依靠政府资金来支持这些活动。由于第六编资助的分配具有高度的竞争性，中心的工作人员一直忧心于如何在没有资助的情况下生存下去。"我希望，即使我们没有获得第六编资助，院长们也会继续履行他们的承诺，这样我们中心可以继续作为一个中心运作，尽管水平会有所下降，"一位东欧研究中心主任说，"你看，中心不会关门大吉，它会继续活着。问题是它活得怎么样。"主任们知道，囊中羞涩地活着将使他们精心维护的与教师、学生和大学外面世界的关系被削弱。正如一所大型公立大学的中东研究中心主任所说，"让中心得以运转的是学术界、政府和公众之间的共同利益，一旦资助被取消，很多共同利益就会烟消云散"。在我们田野调查的最后几年以及此后的几年里，联邦政府的第六编资助大幅削减。这对我们研究的中心有直接的影响。"我们在全国范围内都在收缩，"这位中心主任在后来的访谈中直言不讳地说，"问题是如何收缩。"在这一过程中，这些中心看到了非院系的实用性，这一实用性使它们对学术规划者而言是有价值的。它们的规模和功能会随着物质环境的变化而变化。与拥有终身教职和博士生培养的院系相比，研究中心及其工作人员是可替代的。这使得它们很容易受到政府或公益机构的优先次序变化的影响，也很容易成为校内重组计划的目标。

美国大学在从世界各地招收更多学生并为国内项目争取新的资助人的同时，也在扩大其在海外的实体存在。踌躇满志的大学通过在非洲、波斯湾、东亚和东南亚建造卫星机构甚至整个新校园，将美国历史悠久的办学传统作为一种创业和区域发展的行动而加以延续。这在许多方面类似于在美国边疆建立新的大学，这些海外行动通常是合作项目，国家和地区的政府在具有超凡魅力的学术领导人的扩张主义愿景中追寻自己的事业。[2]当然，互联网和随之而来的数字技术为美国大学创造了更多接触国际受众的机会。2012年，顶尖研究型大学对大规模开放在线课程MOOCs（慕课）的兴趣和实验激增，虽然事实证明这是昙花一现，但它仍然挑战了这样一种假设，即一流的教育必然需要特定地点的教师和学生的在场。[3]几个世纪以来，美国学术界通过寻找新的方式将世界的景观带回校园来提升自己的声誉并宣扬世界主义。但到了21世纪初，一项额外的工作已经成为一种潜规则（*de rigueur*），毋宁说是研究机构的理想所带来的责任：在全世界范围内推广自己的大学及其品牌。

我们的一些受访者认为，这一行为与资助人的要求直接相关。美国中西部一家公立旗舰大学的资深国际事务官员直言不讳地说，他所在学校的国际化倡议是：

> ……我认为大学可以营销的东西。我们越来越多地被要求为潜在的资助人和校友开发国际化项目……我们总是收到这样的询问："你们有兴趣在阿联酋、新加坡、中国或者韩国开设分校吗？"

中国显然是一个特别渴望合作的伙伴。他继续说道：

> 他们想要我们做所有能做的事情，我们已经尽我们所能做了很多他们希望的事情……我们聘请了一位中国事务协调员，她正在盘点我们学校这方面的情况。报告长达 65 页，有时一个项目需要一整页，也有时两三个项目是一页，所以项目的数量是惊人的。

他的同事、学校南亚研究中心的主任说："美国大学总是只对他们眼前的东西做出反应，而现在摆在他们面前的就是来自中国的需求。"

新的管理

当我们开始田野调查时，我们研究的 8 所大学中有 5 所已经任命了负责"全球"或"国际"项目的高级学术官员，正如其中一人所说，他们的工作是"把地方编织在一起"：

> 这是你需要一位教务长的唯一原因……这就是我对我的角

色的定位。这个办公室——教务长办公室有召集权,如果校园里的同事们对某个议题感兴趣,或者我们对某个议题感兴趣,我们可以召集人们让他们跟进这项工作,这就是我们所做的事情。

这种组织方式与以地理区域命名的学术中心所隐含的模式不同。另一所大学的一位国际事务官员认为:"重新定义区域并创造新形态的方式只有在有某种知识领导的情况下才能实现,这种领导把各个中心聚集在一起并思考:我们需要推广什么样的新的合作和联盟?"她说:"这是一个全国性的问题,涉及如何组织国际和区域研究……我认为这是一个重大问题,是智识上的而不仅是结构上的。"她援引她所在的大学在国家安全威胁方面的工作案例,介绍了新的校内合作的组织原则:

> 实际上,这是一种牵线搭桥的方式,特别是将校园里的区域研究和社会科学专家们与建模人员联系起来……这些建模人员正在开发与国家安全威胁有关的各种模型。建模人员是非常好的计算机专家,同时也是社科学者,但他们不真正了解最新的社会科学理论和区域研究信息。

几乎每个与我们交谈过的人都指出,大学的重点正在向所谓的"全球"转变,尽管这可能是模糊的。一所公立研究型大学的政治学系主任说:

> 这是一种相对较新的尝试,将大学作为全球的领导者,无论是从公关意义上还是从实际意义上。你知道,作为一所全球性

的大学,将课程国际化并且专注于重大的国际问题。因此,该机构致力于推进全球卫生的事业。有很多这方面的倡议……连带着大量的资金从四面八方涌来。

同一所大学的资深国际事务官员提到了该机构的"全球议程",并称之为"大型文化变革项目"。

思考世界的新方式至少在两个方面影响着支撑国际学术研究的组织架构。首先,我们的受访者介绍了从明确聚焦特定区域到强调跨地区流动的行动的转变。一位社会学系主任描述了这样一种变化,即从区域研究项目向他所称的跨越国家和区域边界的"间隙区域"(interstitial areas)的转变。他说:"我们看待这个世界的视角不只是'那是拉丁美洲'或者'那是东欧'。我们的很多知识关切不属于上述任何一个范畴。"在对管理人员的访谈中也有类似的说法。"我们想做一些事情,使我们能够把世界上两个历史上一直有联系的地区连在一起。"这位资深国际事务官员还说道:

> 区域之间存在着战略、地理和政治上的联系,这与区域研究对区域的定义相悖……同时,这推动了从全球角度思考区域以及区域之间的联系,因此我们并不会给区域下一个静态的定义。

在另一所大学,一位南亚研究中心前主任也预计,跨地区和比较性的研究项目将受到越来越多的关注:

> 我觉得我们会考虑更多的跨区域规划……你们将在这里见到的我们中的任何一个人,都不会放弃对语言意义上的区域训

练的肯定承诺,以及关于我们区域的任何细节,但我们的实质性
问题并不局限于南亚边界之内⋯⋯我们的问题和我们的议题都
不是南亚特有的。它们是跨区域的、全球性的。

其次,经常提及的是议题而非区域主题。围绕环境问题、恐怖主
义或简单的"全球研究"等跨国议题组织的中心和学位课程很常见。
正如一名资深国际事务官员所说:

> 我试图阐明这所大学的愿景的方式,用我们的校长和教务
> 长的话说,他们会说⋯⋯我们可以改变世界的三个领域是全球
> 卫生、环境和信息技术。对我来说很重要的一点是如果我们想
> 在这些领域做出点名堂,这些专业领域必须建立在区域研究项
> 目产生的知识基础上,包括人文与社会科学,那些关于世界的知
> 识。因此,在我看来,如果我们真的想在世界上有所作为,它们
> 就是所有其他活动赖以存在的平台。

111　　　对一些人来说,这种重点的转变似乎很迅速,甚至很仓促。一位
俄罗斯/欧亚研究中心主任谈到了一个新专业的兴起:

> 我们正以我在这里的职业生涯中从未见过的速度,在大学
> 里设立一个新的全球研究学位课程⋯⋯我从来没有见过这么多
> 高强度的工作,我们在全速前进。我在这所大学见过的与之最
> 接近的就是他们建造体育场的方式。他们将在大约一年内建成
> 一个体育场,但我从未见过他们在一年内开发出一个学术项目。
> 这就是我们在这里努力做到的。

中心的工作人员很清楚这些新的行为方式。一位南亚研究中心副主任谈到她所在的大学最近新设了一名负责全球事务的副教务长：

> 这个办公室的创建使得在校园里活跃多年的东西制度化了，而且……这个办公室花了一段时间才形成自己的个性特征，并仍然处在自我定义的过程之中，但我认为它的存在……对我们的工作是有益的，因为它为我们的工作提供了一个中心场所。

这位受访者比较乐观，但总体而言，区域研究人员对新的"全球"办事机构及与之相关的叙事持模棱两可的态度。有些人看到了区域研究人员的新机遇，其他人则对如何将区域研究专家纳入新的优先事项中表示不确定。在一次联合访谈中，当我们问到俄罗斯/欧亚研究中心如何适应校园里更广泛的国际化倡议时，副主任简短地回答："谁知道呢？"

主任很快以另一种方式回应道："我的意思是我们不清楚。"副主任后来解释说：

> 这所大学谈论了很多关于全球化和国际化大学的话题，但我不确定学校自己是否真的知道想去哪里或者想做什么。他们设立了新的办公室，负责国际关系的副校长，将所有的本科生国际项目转移到全球项目办公室，并且组织海外学习，诸如此类。除了"嗨，我在这里，我是新来的，让我们聊聊"这类谈话之外我们很少联系。这就是我们与他们互动的程度……所以我不确定

112

学校是否考虑过我们如何融入他们眼中的大学国际化。

在早些时候的访谈中,这位副主任表示他们院长的工作重点"在某种意义上更侧重于议题而非区域结构",集中在经济和政治发展、人权和国际安全政策等问题上。但他相信,他仍然可以向学生强调,区域知识对他们的学术生活还是重要的:

> 你不一定要二选一,你可以两者都做……职业道路和研究路径并不是互斥的。但我认为,这所学校正在朝着一种更加基于实践的、主题的、跨学科的教学方式迈进,逐渐远离以前更加以区域为基础的世界观。

一所大型公立大学的拉丁美洲研究中心主任表示,在他所在的机构中,对如何组织国际研究有不同的看法:

> 特别是关于区域研究中心的作用是否应该像我认为的那样保持健康和强大,或者你是否应该设立议题中心。从制度上讲,支持一个全球化研究中心可能比支持两个、四个或五个区域研究中心更容易……

资深国际事务官员们明白,区域研究项目可能是他们新尝试的有益组成部分,但他们当中没有人表示,继承按照地区来定义的中心形式是理想的。相反,他们小心谨慎地看待变革,例如下面这位所说的:

我们现在正处于区域研究项目的转折点,如果区域研究项目的教师能够站出来说"我们希望在整个机构的范围内参与,为工程、公共政策和医药等领域的其他机构的活动提供知识基础"⋯⋯那么我们可能会看到美国高等教育发生真正重要的巨变⋯⋯如果他们做不到这一点,我认为他们的重要性会荡然无存,人们会说"他们到底是谁? 他们成了某些学科概念和某种神秘语言的维护者和仲裁者,我们不再需要他们了"。我认为用不了多久,人们就会说我们不再需要他们了。工程师将发展他们自己的国际专业知识、他们自己的背景,他们会说"关于中国,他们能告诉我什么我不知道的?"⋯⋯这将要求区域研究教师更加主动、更加开放、更加灵活地去做他们想做的事情。

113

在最初成立之时,第六编资助区域研究项目对他们的主办大学来说是完全的胜利。它们带来了现代化理论的强大学术理论基础、顶尖社科学者的支持以及为政府服务的认可。这些项目经久不衰、蓬勃发展,助力研究生培养,支持学术旅行,并在无数的讲座、会议和休闲时光中孕育着智识的活力。它们成为校园复杂的组织生态系统中经年累月的固定角色,为支撑学术努力的学术生态位的深度、广度和多样性做出了贡献。

然而,随着时间的流逝,这些生态系统的环境发生了变化,这给大学的规划者提出了难题:学术生活的哪些组成部分应该维持现状? 哪些需要彻底改造或者大刀阔斧的拯救? 哪些将被允许消亡? 由于他们栖身于设计上可替代的组织单位——非院系,中心的工作人员总是最生动地表达他们随环境变化而产生的焦虑。

舆论空间中彷徨的国际化

从一开始,我们的研究就一直关注社科学者对区域研究的矛盾心理。为什么在多年重金投入的鼓励之下,经济学、政治学和社会学学者对于那些对他们自己很重要、对美国国家安全也具有战略重要性的地区的研究成果仍然寥寥无几呢? 我们的答案是:学科院系的声望与学术身份认同、大学排名体系和博士生的就业安排密切相关,因此,研究具体背景下的问题而非抽象的学科问题很难让院系教师们信服。

社会科学的学科分野及其制度保障措施的建立,使得沿着区域或议题的路线来统筹社会知识从根本上变得更加困难。一位政治学教授为我们总结道:

114
　　我知道有些大学在全球研究等方面设立了全新的学院。我们并没有这么做,但是我们做了很多工作,所以我想说的是,试图抓住并驾驭这种对于国际化和全球化的热情是一个主要问题。我认为,对跨学科有大量的口头承诺,也有一些具体的努力,但在我看来,学科对跨学科有一种束缚——未必是坏的束缚——但对教师的感情和注意力是一种束缚。大学无法真正突破这一点,因为对教师的培养、晋升和奖励都是按照学科来安排的。跨学科团体不做这些事。拿我自己来说,我研究的移民显然是一个跨学科的主题,我参加的会议,比如这个周末的会议,有社会学、历史学、地理学、经济学的学者,各种各样的人。所以我不可避免地要参与跨学科的工作,但我在专业上取得的任何成就都是我在学科内获得认可的结果。所以,国际化、全球

化……在我看来,鼓励跨学科研究的努力是善意的,但基本上是
徒劳的。

无论这种状况对那些想要一门更加国际化的社会科学的人来说
是多么令人不安,它既符合较早前关于学术地位动态的理论,也与北
美学术界中区域研究长期以来的边缘化地位相匹配。正如社会学家
和区域专家查尔斯·库兹曼最近感慨的那样,关于伊斯兰世界和中
东地区的严肃社会科学研究成果仍然如凤毛麟角。[4]我们的结论是,
以区域为导向的社会科学成果的贫乏并不是第六编资助计划的失
败。相反,它是一种学术地位体系的可预期结果,该体系给学科抽象
研究赋予了特权。

我们的研究重点是在我们所研究的学校的文理学科核心进行的
学术研究,如果我们不承认这一点,那就是我们的失职。如今,美国
伟大的研究型大学保有一种极其复杂的知识生态,各学科院系在社
会科学的知识生产上没有联合起来。在商业、教育、信息、法律、医药
和公共政策等专业学院,有成就卓著的经济学家、社会学家和政治学
家。尽管我们的研究设计不是为了系统地评估它,但我们的受访者
主动提供了大量的报告,表明专业学院在某种程度上对于以地区为
重点的社会科学更加友好。这也与我们的研究所坚持的关于知识生
产的一般观点相一致。专业学院明确承担着为实践提供信息和培养
实践者的责任,从定义上讲,它们从事的是"应用"社会科学。专业学
院的存在让文理学科核心的学者们可以醉心于他们对抽象研究的
偏爱。

但是,这就是我们想要的那种社会科学吗?

例如,考虑到各学科的社科学者普遍不关注伊斯兰世界和中东

115

地区,这可能使其他人更容易声称自己在这些话题上拥有专业知识。我们的结论是,美国研究型大学在更广泛的知识生产生态系统中的地位正在发生变化。社会学学者罗纳德·雅各布斯(Ronald Jacobs)和埃莉诺·汤斯利(Eleanor Townsley)称之为"舆论空间",也就是新闻、政治和学术交汇的广阔的公共话语领域。[5]舆论空间是政治家、专业学者和非专业人士获取时事资讯和观点的地方。近几十年来,这一空间在两个广阔的方面发生了重大变化。

第一,一个全新的组织类别——智库——已经开始对公共话语产生越来越大的影响。智库由私人赞助人资助,旨在根据特定的意识形态信仰引导政府政策和大众智慧,现在为形形色色的派系专家提供了体面的组织基础。[6]第二,在数字媒体的影响下,主流新闻业的规模和形式发生了转变。互联网使得许多版本的新闻可以通过本质上无穷多的载体进行传播:印刷、电视和广播新闻现在与不断扩大的网络场所和社交媒体渠道相结合。进入舆论空间的成本几乎降为零。如今,只需一个电子邮件账户、一个脸书页面或一个推特(Twitter)账户,各种各样的现实版本就可以争夺全球受众。在这样一个新的媒体生态系统中,没有一个或几个的信息来源可以声称自己是真实的或首要的。

在这一背景下,杜克大学的社会学学者克里斯托弗·贝尔(Christopher Bail)观察到,在"9·11事件"后的几年里,反穆斯林边缘组织如何对于什么是伊斯兰教的真相产生了实质性的影响。正如贝尔在《恐惧》(*Terrified*)——这一书名恰如其分——一书中所解释的那样,像"9·11事件"这样的恐怖、震撼的事件被所有媒体玩家利用为煽动观众情绪的机会。情感会带来关注。反穆斯林边缘组织和主流媒体用煽动压倒了冷静的批判性对话,联手制造新闻,以此激怒并吸引震惊的美国公众。随着时间的推移,通过无数数字化的舆论空间渠道,学术界中的异端思想(例如伊斯兰教法是与民主相悖的)获得了大众知识的地位,并明显影响了政府决策。[7]

116

回想起来,我们无从得知,关于伊斯兰世界的更稳健的社会科学是否或如何影响了"9·11事件"之后民族情绪的变化。但我们知道,在舆论空间发生革命性的变化和扩张并促使美国人对阿拉伯世界的理解发生决定性变化的那些年里,学院派的经济学、政治学和社会学学者缺乏为公共话语做出贡献的专业知识或职业动力。

这一观察提出了另一个重要的问题:美国联邦政府或者任何其他资助人,可能会做些什么来激励侧重于区域的社会科学研究? 刚刚完成的调查提供了一些见解。一种选择是,在专业学院或文理科核心学院设立专门处理实质性问题的学科系。这是提升学术知识领域地位的经典策略:为其提供一个享有声望的组织单位,并通过博士生培养为其自身的代际传承提供途径。这种策略的缺点包括初始投资、维持运营以及将其关闭的高昂成本。由终身教职教师和博士生组成的院系成本高昂,将其关闭也很尴尬。它们还会不可避免地参与到争夺资源和声望的内部地位争斗之中。即使特殊主义的院系被赋予平等的组织地位,由实质性问题定义的院系是否会撬动本质上由抽象概念组织起来的学术等级制度,这一点很难下定论。在"较为纯粹"的社科院系工作的教师,很可能会把那些特殊主义院系的教师当作次等邻居,当作稀缺资源的额外竞争者。那些拥有特殊主义项目博士学位的人只适合在特殊主义院系工作,如果大部分研究型大学没有对其就业岗位做出全面承诺,这一出路的希望是渺茫的。这样的教训已经发生在种族/族群以及性别/女性主义的博士生培养计划中。[8]

理论上，人们可以反其道而行之，暂停任何对学科院系的新投资，转而打造一个围绕议题、主题和问题组织起来的学术界。对于一些跨学科的拥护者来说这不仅仅是一个幻想，但我们很难接受它。学科的专业化分工深深扎根于社会科学的学术身份、声望体系和再生产机制中，几乎不可能通过组织命令来推翻（即使这在智识上被认为是一个好主意，在这个问题上我们不持立场）。正如我们在前面所提到的，第三方对学科院系研究生课程排名的兴起，只会助长教务长强化这些单位的动机。然而吊诡的是，尽管这些排名经常被诟病为衡量学术价值的粗暴工具，但它却鼓励大学领导在学科抽象研究上进行更多的投入。任何引导社科学者进行实质性研究的可行计划，都必须在这样的前提下进行，即以研究生院系划分的学科将长期存在。

然而，美国高等教育的生态究竟能维持多少这样的研究生院系，已经成为一个紧迫的问题。冷战期间社会科学的超常规扩张得益于政府部门对高等教育大规模投资的支持，并通过广泛的经济繁荣得以维持。大学得到了公众的高度赞赏和信任。大学的领导可以根据自己的意愿多花或少花预算，而他们一贯选择资助终身教职教师对他们的地位所持的抱负。维持博士课程本身就是一种地位的象征：这是一个院系参与学科知识的生产和传承的明确证据。

长期支撑着学科院系的师资序列不断扩大的资源环境已不复存在。然而，专业学术地位仍然与研究生院系的终身聘用以及博士生在领先学科院系的安置紧密相关。这一状况是棘手的。学术界的声望体系并没有与美国高等教育的组织生态同步进化，而这种生态给文理核心学科提供的终身教职越来越少。[9]

我们相信，美国高等教育资源环境的这种世俗化转变，为鼓励年轻的社科学者更好地研究全球各地的实质性问题提供了新的动力。世界其他地方的人们依然仰慕我们的知名大学,这是 20 世纪留给我们的一个重要遗产。世界各地的人们都梦想着把他们的孩子送到我们的校园。他们想通过在线课程体验我们的学术盛宴。他们要求我们的专家亲临现场为他们当地的事务出谋划策。在世界范围内,各国政府正在建立新的大学和扩张已有的大学,经常聘请美国顾问来帮助他们接近美国的学术构想。我们那些踌躇满志的学生将拿什么来回报这些新的资助人,用什么样的语言,按照谁的意见? 只有正视这些问题,我们才有可能将狭隘的社会科学转变为真正的全球性事业。

118

附　录
方法与数据

　　构成本书原始经验证据的 73 个访谈是从社会科学研究理事会（SSRC）的一个更大的课题中提取的，课题名称是“世界区域知识的生产”。该课题可以追溯到 2000 年在福特基金会支持下开始的一项关于中东研究的试验性调查。美国教育部的两项拨款资助了 2004—2010 年间分两个阶段进行的数据采集和分析，本文的访谈数据采集就是在此期间完成的。2013—2014 年，安德鲁·W. 梅隆基金会的后续资助支持了数据分析和整个课题的完成。

　　在研究伊始，我们就致力于描绘美国高等教育跨学科和国际化发展的历程，聚焦于世界各区域研究的组织。我们之所以关注中东及其在亚洲大陆的毗邻地区，主要有两个理由：首先，苏联的解体使多个学术领域提出了关于如何对东欧和中东地区进行概念化的深刻问题。曾经牢不可破的国家和政治边界变得千疮百孔甚至不复存在，新的人员、资本、货物和服务以及信息的流动正在重塑广阔地理空间内的制度秩序。我们希望我们的课题对于上述现象的学术思考和变化中的区域研究资助项目有所裨益。其次，尽管该课题开始于“9·11 事件”发生之前，但该事件引发了全国范围内对伊斯兰和中东地区学术知识的广度、深度和质量的迫切担忧。

研究设计与样本选择

辛西娅·米勒-伊德里斯设计了本书的研究,这是一项定性比较研究,研究对象是由第六编资助的多个区域研究中心所在的大学。在选择研究对象的过程中,我们兼顾了公立和私立大学以及学位和非学位项目,并尽可能照顾到研究对象在全美的地理分布。2005年初,我们初步选择了研究样本。在数据采集的第一阶段(2005—2006年),我们的团队进行了一项比较研究设计的预研究,旨在考察中东研究中心在每个大学的内部组织生态中的位置。社会科学研究理事会的研究人员都拥有博士学位或正在攻读研究生学位,他们在每所大学进行了为期一周的参访。参访的内容包括观察中心的运作和例行活动,访谈一系列从事中东研究或教学的教职员工,访谈负责国际事务的副教务长、社会科学院系的研究生项目负责人以及俄罗斯/欧亚和拉丁美洲研究中心的负责人(作为比较)。在第一阶段,我们共进行了30次录音访谈和47次只记录笔记的访谈,并组织了与中东研究中心相关的研究生和教师组成的焦点小组讨论。

在对第一阶段采集的数据进行初步分析后,我们决定与地理上邻近的区域研究中心进行比较。在之后的参访地点中,我们取消了拉丁美洲研究中心,增加了南亚研究中心。数据收集的第二阶段(2007年)也得到了美国教育部的资助。在第二阶段,我们将研究范围扩大到中东研究中心以外,以关注从事世界区域知识生产的学术团体之间的跨学科和国际化等更广泛的问题。我们重新参访了第一阶段去过的4所大学,以收集那些邻近区域研究中心的额外数据,并新增了2所大学,它们的研究中心都致力于中东、俄罗斯/欧亚和南亚的研究。在第二阶段,我们总共对61个人进行了43次有录音的访谈,其中 42 次有打字记录。我们还组织了 10 次教师焦点小组讨论和 6 次学生焦点小组讨论,包括了对三个目标区域有学术兴趣的82 个参与者。

表 A.1 描述了本书所依据的访谈样本的构成情况。这 73 次访谈共涉及 80 人,包括:

1. 第六编资助的中心主任:通常在学术院系拥有终身教职,兼职担任中心主任;

2. 第六编资助的中心副主任:全职的管理人员,通常拥有与该区域相关的专业博士学位;

3. 经济学、政治学和社会学系的系主任;

4. 首席国际事务官(chief international officers, CIO):在教务长级别或接近教务长级别的职位任职,通常也在学术院系担任终身教职。

访谈规程、数据清理和编码

我们的访谈问题范围包括区域研究中心运营方面的具体问题,更广泛的关于大学国际化相关挑战和困难的问题,以及每所大学关于世界特定区域研究的问题。访谈规程参见下面的文本。

数据管理和分析贯穿在整个课题之中。访谈和焦点小组讨论的数据被转录并存储在 SSRC 计算机服务器上,放在受密码保护的文件夹中。我们在纽约的 SSRC 办公室举办了一系列为期两天的密集的"数据营",整个研究团队聚集在一起,听取记录,讨论编码和涌现出来的议题,提出有关我们需要获取的数据的问题,并围绕本书的章节和大纲进行头脑风暴。

对于本书所依据的 73 次访谈的记录,我们与几位博士生水平的

表 A.1 本书访谈样本构成情况

大学	区域研究中心							社会科学院系			高级管理人员	
	中东		俄罗斯/欧亚大陆		拉丁美洲	南亚		政治学	经济学	社会学		
阶段	I	II	I	II	I	II	II	II	II	I	II
西部学院	D,AD*,CA	AD*	D*	D*/AD	NA	D/AD	DC	DC	DC	Dn	ADn
四方庭院	D*,AD,CA	D*/AD	D*	D*/AD/CA	D	D/AD	DC	DC	DC	D*	D*
南方州	D*,CA*	D*/CA*	D*	D*/CA	NA	D/CA	DC	DC	DC	P	ADn/ADn
北方城市	D*,CA*	D*/CA*	D	D/CA,D	D	CA	DC	DC	DC	Dn*	Dn*
开阔平原	D,AD	\\	D	\\	D	\\	\\	\\	\\	VP	\\
东部精英	D,AD	\\	D	\\	D	\\	\\	\\	\\	ADn	\\
西部旗舰	\\	NR	\\	D/AD	\\	D/AD	DC	DC	DC	\\	Dn, VP
大州	\\	D/CA	\\	D/CA/CA	\\	D/FD	DC	DC	DC	\\	VP
总计	14	5	6	7	4	6	6	6	6	6	7	73

注释：D：主任；AD：副主任；FD：前主任；CA：中心管理人员；DC：系主任；Dn：院长；ADn：院长或副院长助理；P：教务长；VP：副教务长。

我们采用非个人头衔的通用说法以保证大学的匿名性。CA 是指没有副主任头衔的中心管理人员。

斜杠（/）表示一次访谈的对象是多个人。

逗号（，）用于分隔同一时间内的不同访谈或类似的学术中心。

星号（*）表示在研究的第一阶段和第二阶段对同一位对象进行了访谈。

双反斜杠（\\）表示在研究没有进行访谈的地方，因为在研究那个阶段没有访问该校园。

NR 指的是非正式进行的未记录的访谈。

NA 指的是中心主任拒绝接受研究采访的情况。

研究助理合作,仔细检查和清理转录,并开发了一个归纳编码方案(使用 Atlas.ti 软件)进行系统分析。多名团队成员多次阅读访谈记录,以引出模式和关键议题。最初的编码总是通过多轮阅读和团队讨论来进行。作为对准确性的最后检查,本书中出现的所有引文都与原始访谈录音进行了核对。

第一阶段访谈工具
访谈问题

对中心主任/管理人员的访谈

123　　解释 SSRC 评估。介绍研究目的:我们想了解在贵校研究中东问题的师生和来自该地区的学生的体验,以及贵校在中东和伊斯兰世界研究中所起的作用。此外,我们正在评估中东研究中心区域研究项目的两个核心目的,即平衡关于中东的知识的跨学科生产,以及推进校园的国际化发展。

一、中心的架构、使命和角色

1a:中心将被要求在访谈前提供一份他们的使命宣言。对于有使命宣言的中心:使命宣言是什么时候起草的? 它是否反映了您如何看待/理解中心在校园中的作用? 如果不是,自使命宣言创建以来,该中心的角色发生了怎样的变化? 假如中心没有使命宣言:您如何描述您所在的中心的使命? 您如何理解中心在校园中的角色?

1a-2:中心的研究范围是什么? 是否有特定的地理重点(例如,特定的中东文化、国家或者次区域)? 何时以及为何选择这

一重点？近 5 年来，重点是否发生了任何变化？如果是，变
化以什么方式发生，为什么会发生？

1b：请描述你们中心的组织架构。它与学校的中央管理以及学
院、学科系和其他国际研究中心有什么关系？

1b-1：在您看来，你们中心的组织架构对其在各个领域的运作
（如机构支持、研究议程、教员的聘用和任期决定、各学科的
代表性、学生的入学）是否有重大影响？如果是，请描述有哪
些积极或消极的影响，以及在这一方面做出改变的计划。组
织架构对你完成工作任务有什么影响？

1c：关于中东的课程是否足够满足学生的需求？是否有足够的
不同学科的教师可以为学生的中东研究论文提供指导？各
学科（特别是经济学、政治学和社会学）在多大程度上提供了
关于中东的课程？这类课程是否（与您所在的中心）交叉设
置或共同授课？

1d：自"9·11 事件"以来，校园发生了哪些变化？例如，是否有
更多的关于中东研究的演讲者，是否投入更多努力来聘请研
究中东地区的专业教师，等等？自"9·11 事件"以来，您所
在的中心发生了什么变化？

二、中心的自主权与跨学科性　　　　　　　　　　　　124

2a：请描述一下你们中心与校内其他学术院系的关系。例如，您
是否参与了教师聘任的决定、学生的选拔和资助，以及共同
赞助客座讲师、访问学者等等。您对学科院系有影响力吗？
是否有课程与其他院系的教师共同授课，是否有课程与其他
院系交叉设置？是否参与学位论文答辩委员会？

2a-1:这种关系在什么程度上因院系而异？哪些院系与中东研究中心的关系更密切,为什么？使用该中心的学生是否偏重于某些学科？如果是这样,您认为为什么会这样？（您认为与学术院系的关系是加强了还是削弱了这所大学的中东地区教学和知识生产？这对在贵校推广中东区域研究有什么影响?)

2a-2:与院系的关系是否产生了任何特殊的挑战或困难(例如,在机构支持、教师聘用和聘期决定、课程体系和课程开发、研究议程、学生招录和咨询等方面)？

2b:对于学位授予项目:该中心对自己的项目和其他学位项目的课程体系有何控制？例如,该中心在选择符合学位要求的课程方面是否能发挥作用？

2c:相对于大学行政部门而言,该中心的角色是什么？行政部门如何与该中心合作？

2d:该中心在财务、课程或其他决策方面有多大的自主权,如招生和资金？您认为这种自主权的主要制约因素是什么？又是什么使它成为可能？

2e:除了第六编的资助外,该中心是否还有其他资助？该中心由哪些资金支持？是否有直接来自中东捐助者的资金或资源？您如何描述该中心与捐助者的关系？

三、中心相对于其他单位和中心的角色

该部分的目的是描绘这些校园的全景图——中心与其他项目的关系如何？

3a:你们与校内的其他区域研究中心有关系吗？关注中东次区

域或国家地区的其他中心和主题中心的情况如何,如宗教研究中心、冲突/和平研究中心或跨界研究中心如移民或环境研究中心? 这里的区域研究中心与这些中心有联系吗? 你们的中心呢?

3b:该中心是否与其他大学合作,在中东区域建立伙伴关系(如卫星校园或分校)?

3c:校内有没有出现关注中东或相关地区的新领域? 访谈者注意:特别是在近5年。它们是怎么来的? 该中心在促进它们的发展方面发挥了什么作用?

3d:有没有该中心赞助的学生论坛或组织? 如果有,是什么类型的活动? 谁参与了这些活动,是否有其他院系的学生参与进来?

3e:该中心与附近的博雅学院有什么关系? 如果有,这些关系的性质是什么(如共同赞助活动、共同授课等)?

四、中心在与国际倡议对接方面的作用

4a:师生有哪些机会前往中东进行教学、学习、实习、实践培训和/或研究? 中心如何促进这些机会? 中心是否与其他大学院系或海外留学项目合作,为师生创造更多这样的机会?

4b:冗余问题,仅在上述部分未回答时询问。近5年来,该中心在建立或支持与中东地区机构的合作方面发挥了什么作用(例如在教学、研究、师生交流、共享资料、会议和其他重要活动方面)?

4b-1:大学是否意识到这些合作的重要性? 以什么方式? 请描

述您在这些合作中可能遇到的困难。这些困难是否让您或
多或少不愿意参与今后的合作？

4c：该地区内外是否还有其他机会？

4d：中心多久接待一次访问教师、举办一次访问讲座？这些倡议
是如何被该中心乃至更大范围内的大学的师生们接受的？
学校在引进访问学者方面做了哪些工作？这些努力是如何
取得成功的？这些工作还需要哪些改进？

4e：该中心是否还有其他类型的国际访客，例如外国教师或外交
使节的代表团等？

五、未来的发展方向及其他问题

5a：与您所知道的其他中东研究中心相比，您所在的中心有多典
型？你们中心有什么独特之处？

5b：在您看来，未来几年中东研究在总体上和在贵校层面面临的
主要挑战都有哪些？我们可以如何应对这些挑战？

5c：你们中心是否有足够的员工支持和学生志愿者？如果没有，
如何缓解这个问题，或者可以做哪些组织上的变革？在这方
面中心需要哪些支持？

5d：贵校是否缺少从事中东研究的教师？教师的缺乏如何影响
其他学科想从事中东研究的学生（例如可能没有足够的课
程等）？

5e：该中心有没有什么具体的计划来推出新的项目和服务，或扩
大或改善现有的项目和服务？

5f：如果您有更多的资金，您会做什么？例如，您会在哪些方面
加强该中心？

5g：请您对中东研究提出任何补充意见，无论是在总体上还是在贵校。

5h：与该中心具体相关的其他问题。

5i：这次评估中的哪些反馈对您有帮助？您认为有哪些具体的关切或者问题应该纳入我们的在线调查中？

访谈者注意：评估区域研究作为一种范式受到挑战和质疑的程度。以中东研究为重点，"9·11事件"是重申还是削弱了这一范式？

对教务长/国际事务官员的访谈

解释SSRC评估。介绍研究目的：我们想了解在贵校研究中东问题的师生以及来自该地区的学生的体验，以及贵校在中东和伊斯兰世界研究中所起的作用。此外，我们正在评估中东研究中心区域研究项目的两个核心目的，即平衡关于中东的知识的跨学科生产，以及推进校园的国际化发展。

关于校内国际倡议和中东研究的问题：首先，我想大体上了解一下您对大学里的国际倡议和中东研究的看法。　　　　　　　　127

1. 在网站上搜寻此类信息，仅在信息未公开的情况下询问。围绕中东、伊斯兰、阿拉伯世界的研究等问题，校内有哪些正在进行的国际倡议（例如与海外大学建立伙伴关系、教育改革咨询、跨国交流等）？

2. 近5年来，校内的国际活动有哪些大的趋势？是否设立了与国际话题或全球化等相关的新课程或新学位（例如在全球研究方面）？区域研究中心如何适应这些趋势？是否增加了对区域研究和语言教师的招聘？例如，语言教师的缺乏是一种普遍现象，贵校是否聘请了更多的教师来满足学生的需求？

3. 自"9·11事件"以来，校园发生了哪些变化？贵校的中东教学和研究发生了什么变化？例如，是否有更多的关于中东研究的演讲者，是否投入更多努力来聘请研究中东地区的专业教师，等等？自"9·11事件"以来，学生对中东课程的需求是否有所增加？如果是的话，大学是如何回应这一要求的？

4. 我们对这些问题感兴趣的原因之一在于，当下中东研究中心面临着一种失衡——更多的学生/毕业生专注于人文学科（宗教、历史、文学），而更少的人专注于社会科学，特别是政治学、社会学和经济学。您在相关的院系中是否发现哪些具体因素助长了这一趋势？换句话说，是否存在结构性的或者其他阻碍因素影响学生参与区域或其他国际议题？或者具体来说，学科中是否有什么阻碍或禁止对中东地区给予深度关注的趋势？

5. 您能告诉我一些关于中东地区学生的情况吗？总的来说，他们是否来自特定的地区和背景？他们是如何被招录的？他们可以获得什么样的支持和资助？

6. 您能告诉我有关这个地区的教师的情况吗？是否有招聘教师的计划？如果他们不能对该地区的教师发表评论，可以询问能够回答这个问题的人的名字。

128　　　**关于中东研究中心和跨学科的问题：**现在，我想请教您一些与这所大学的中东研究中心更具体相关的问题。

1. 总的来说，您如何看待中东研究中心在校园中的作用？

2. 您的部门如何与中东研究中心合作？您提供什么类型的支持？

3. 中东研究中心如何与其他中心合作？您的部门是否为这些合作提供了便利？

4. 您的部门是否为任何与中东研究中心有关的国际倡议提供便利？

5. 在您看来，未来几年中东研究在总体上和在贵校层面面临的主要挑战都有哪些？我们可以如何应对这些挑战？

请对中东研究或区域研究提出您的补充意见，无论是在总体上还是在贵校层面。

对俄罗斯/欧亚和拉丁美洲研究中心主任的访谈

解释 SSRC 评估。介绍研究目的：我们想了解在贵校研究中东问题的师生和来自该地区的学生的体验，以及贵校在中东和伊斯兰世界研究中所起的作用。此外，我们正在评估中东研究中心区域研究项目的两个核心目的，即平衡关于中东的知识的跨学科生产，以及推进中心的国际化发展。通过访谈俄罗斯/欧亚和拉丁美洲研究中心的主任，我们希望对贵校的区域研究有更广泛的了解。

一、中心的架构、使命和角色

1a：您如何描述您所在的中心的使命？您如何理解中心在校园中的角色？

1b：关于××区域的课程是否足够满足学生的需求？是否有足够的不同学科的教师可以为学生关于××区域的研究论文提供指导？各学科（特别是经济学、政治学和社会学）在多大程度上提供了关于××区域的课程？这类课程是否与您所在的中心交叉设置或共同授课？

二、中心的自主权与跨学科性

2a：请描述一下你们中心与校内其他院系的关系。例如，您是否
　　参与了教师聘任的决定、学生的选拔和资助，以及共同赞助
　　客座讲师、访问学者等等。您对学科院系有影响力吗？是否
　　有课程与其他院系交叉设置或者共同授课？

2a-1：这种关系在什么程度上因院系而异？哪些院系与您所在
　　中心的关系更密切，为什么？使用该中心的学生是否偏重于
　　某些学科？如果是这样，您认为为什么会这样？您认为与学
　　术院系的关系是加强了还是削弱了这所大学关于××区域的
　　教学和知识生产？

2b：相对于大学行政部门而言，该中心的角色是什么？例如，中
　　心是否以任何方式帮助大学在国际教育、跨学科联系或××区
　　域的研究方面制定议程？行政部门如何与该中心合作？

2c：该中心在财务、课程或其他决策（如招生和资金）方面有多大
　　的自主权？您认为这种自主权的主要制约因素是什么？又
　　是什么使它成为可能？

2d：除了第六编的资助外，该中心是否还有其他资助？该中心由
　　哪些资金支持？是否有直接来自××区域捐助者的资金或资
　　源？您如何描述该中心与捐助者的关系？

三、中心相对于其他单位和中心的角色

该部分的目的是描绘这些校园的全景图——中心与其他项目的
关系如何？

3a：你们与校内的其他区域研究中心有关系吗？你们与关注××
　　区域中的次区域或国家地区的其他中心和主题中心（如宗教

研究中心、冲突/和平研究中心或跨界研究中心如移民或环境研究中心)的关系如何?

四、中心在与国际倡议对接方面的作用

4a:教师和学生有哪些机会前往××区域进行教学、学习、实习、实践培训和/或研究?中心如何促进这些机会?该中心是否与其他大学院系或海外留学项目合作,为师生创造更多这样的机会?

4b:中心多久接待一次访问教师、举办一次访问讲座?这些倡议是如何被该中心乃至更大范围内的大学的师生们接受的?学校在引进访问学者方面做了哪些工作?这些努力是如何取得成功的?这些工作还需要哪些改进?

130

五、未来的发展方向及其他问题

5a:与您所知道的其他研究中心相比,您所在的中心有多典型?

5b:在您看来,未来几年区域研究在总体上和在贵校层面面临的主要挑战都有哪些?我们可以如何应对这些挑战?

5c:我们对这些问题感兴趣的原因之一在于,当下中东研究中心面临着一种失衡——更多的学生/毕业生专注于人文学科(宗教、历史、文学)而更少的人专注于社会科学,特别是政治学、社会学和经济学。在相关院系或学科中,您是否看到任何阻碍或禁止对中东(或拉丁美洲或苏联)给予深度关注的具体情况?

5d:请对区域研究提出您的补充意见,无论是在总体上还是在贵校层面。

对社会学、经济学和政治学系研究生指导主任的访谈

解释 SSRC 评估。介绍研究目的：我们想了解在贵校研究中东问题的师生以及来自该地区的学生的体验。此外，我们正在评估中东研究中心区域研究项目的两个核心目的，即平衡关于中东的知识的跨学科生产，以及推进校园的国际化发展。

1. 您有多少学生正在撰写或准备撰写与中东有关的论文？近 5 年这个数字是否有很大的变化？

2. 这些学生是否难以找到在该区域具有专业知识的教师担任顾问或论文委员会成员等？

3. 对于那些想要为他们的论文做国际田野调查的学生，您认为是否有足够的支持？例如，他们是否容易找到资金前往该地区进行语言培训、研究/实地考察以及参与会议等等？

131

4. 将区域专业化与社会学、经济学或政治学的学科培训相结合，会遇到哪些挑战（如有）？例如，选修课中是否有足够的空间进行语言培训？

5. 获得学位对于外语能力或者掌握程度有要求吗？

6. 您对您的研究生（指那些从事与该地区相关课题的学生）与中东研究中心的关系有多少了解？中心是否为这些学生提供资源、专业知识等？您认为他们还需要什么？

对在中东研究中心组织活动的个人的访谈

这些人更加了解如何使用该中心以及谁在使用该中心，并可以帮助我们绘制描绘中心在校园中的位置。

1. 总的来说，您认为该中心在大学中的作用是什么？

2. 除了上课之外,学生如何使用该中心(例如讲座、奖学金、语言培训、信息集散地等)? 教师如何使用该中心(例如会议、研究),以及这些访问的质量如何(是实质性的还是只是餐叙而已)?

3. 关于个人项目的具体问题:例如,相关项目是做什么的? 它是如何以及为什么开始的? 资金从何而来? 您是否雇用学生为您的期刊、研究项目或者外联活动等等工作? 他们通常来自哪些院系?

4. 除了为您的活动工作外,其他院系的学生是否还会参与到您的期刊、论坛的相关工作? 如果是的话,他们是如何参与的,他们是否来自某些特定的学科?

5. 您在哪些方面与其他中心或院系开展合作?

6. 自"9·11事件"以来,校园发生了哪些变化? 例如,是否有更多的关于中东研究的演讲者,是否投入更多努力来聘请研究中东地区的专业教师,等等? 自"9·11事件"以来,您所在的中心发生了什么变化?

7. 在您看来,未来几年中东研究在总体上和在贵校层面面临的主要挑战都有哪些? 我们可以如何应对这些挑战?

8. 请对中东研究提出您的补充意见,无论是在总体上还是在贵校层面。

9. 这次评估中的哪些反馈对您有帮助? 您认为有哪些具体的关切或者问题应该纳入我们的在线调查中?

132

与中东研究中心相关的活动图景

这些问题针对的是指导或组织与中东研究相关的项目但不属于

中东研究中心的个人。如果没有中东研究中心，这些活动还能举办吗？

1. 关于个人的院系/项目/计划/活动的具体问题：例如，请详细描述实际的活动，它是如何以及为什么开始的？资金从何而来？

2. 其他院系的学生是否参与您的院系/项目/计划/活动？如果是的话，他们是如何参与的，他们是否来自某些特定的学科？您是否聘用学生为您的院系/项目/计划/活动工作？他们通常来自哪些院系？

3. 作为我们对中东研究中心评估的一部分，我们正在努力了解校园里关于中东的知识是在何处生产的，以及关于中东的教学和学习是在何处进行的。在校园里许多与中东有关的活动中，有没有一个生产上述知识和培养学生的核心枢纽？这个枢纽是什么？它在校园中的角色是什么？如果研究中心是枢纽，询问：研究中心的角色与您的院系/项目/计划/活动的角色有何不同？如果研究中心不是枢纽，询问：请指出研究中心相对于该枢纽的角色，并概括地指出研究中心在大学中的角色。

4. 您与其他中心或院系合作的方式主要有哪些？

5. 自"9·11事件"以来，校园发生了哪些变化？例如，是否有更多的关于中东研究的演讲者，是否投入更多努力来聘请研究中东地区的专业教师，等等？自"9·11事件"以来，您的院系/项目/计划/活动发生了哪些变化？

6. 在您看来，未来几年中东研究在总体上和在贵校层面面临的主要挑战都有哪些？我们可以如何应对这些挑战？

7. 您是否还有什么补充意见？

第二阶段访谈工具
正式访谈问题

对中心主任/管理人员的访谈

介绍研究背景。感谢您同意参与本研究。如您所知,我们正在研究美国各地的区域研究中心,以及更广义上的校园内的区域和国际项目。您所在的大学是参与此项目阶段的六个地点之一。在此次田野调查中,我们将重点关注三个方面的问题:

第一,区域研究中心内的跨学科问题和更广义上的大学国际化问题。

第二,区域研究或相关项目可能在多大程度上跨越传统边界或相互交叠,包括新的地理或议题重点的开发,如中亚研究、南方国家研究或者全球研究、安全研究等课题。

第三,区域研究中心(尤其是中东、俄罗斯/欧亚和南亚的区域研究中心)的角色,特别是,我们希望将这些中心与校园内涉及国际和全球话题的其他工作联系起来,无论是按地理区域还是按议题焦点来组织。

请注意,所有的回答都应与过去 5 年有关,除非另有令人信服的例子。(请参与者查看并签署同意书。)

在我们开始之前,您有什么问题要问我吗? 第一组问题与您的中心的架构、使命和角色有关。

一、中心的架构、使命和角色

1a：中心将被要求在访谈前提供一份他们的使命宣言。如果中心有使命宣言：使命宣言是什么时候起草的？它是否反映了您如何看待/理解中心在校园中的作用？如果不是，自使命宣言创建以来，该中心的角色发生了怎样的变化？如果中心没有使命宣言：您如何描述您所在的中心的使命？您如何理解中心在校园中的角色？

1a-1：中心的研究范围是什么？是否有特定的地理重点和/或议题重点（例如特定的国家或区域，重点包括转型经济体、宗教等等）？何时以及为何选择这一重点？近5年来，重点是否发生了任何变化？如果是，变化以什么方式发生，为什么会发生？您认为在这些重点方面还存在哪些短板（例如哪些地理区域、议题或语言尚未被充分覆盖）？

1b：请描述您所在的中心的组织架构。它与学校的中央管理以及学院、学科系和其他国际研究中心如何联系和互动？中心主任由谁任命，任期多长？

1b-1：上述关系如何影响该中心在各个领域发挥作用的能力（例如机构支持、研究议程、教师聘用和聘期决定、各学科的代表以及学生招录）？目前是否有计划改革这些关系以改变该中心的运作方式？如果有的话，这些关系如何影响中心的使命？

1b-2：该中心在财务、课程或其他决策（如招生和资金）方面有多大的自主权？您认为这种自主权的主要制约因素是什么？又是什么使它成为可能？

1b-3：除了第六编的资助外，该中心是否还有其他资助？该中心

由哪些资金支持？是否有直接来自该中心研究区域的捐助
者的资金或资源？您如何描述该中心与捐助者的关系？

1b-4：你们的中心是否有足够的员工支持和学生志愿者？如果
没有，如何缓解这个问题，或者可以做哪些组织上的变革？
在这方面中心需要哪些支持？

1c：近 5 年来，由于世界事件和国内政治/政策（包括"9·11 事
件"和相关事件），校园发生了哪些变化？例如，这些事件如
何影响**中东/俄罗斯/欧亚/南亚**等招生专业的教师聘用、学
位论文主题、课程设置以及中心的发言人等等？特别是在同
一时期，您所在的中心发生了什么变化？（例如行政负担是
否发生了变化？）

下一组问题更具体地涉及课程设置。

二、中心结构（具体课程设置）

2a：关于中东/俄罗斯/欧亚/南亚的课程是否足够满足学生的需
求？是否有足够的不同学科的教师可以为学生的××**区域**研
究论文提供指导？各学科（特别是经济学、政治学和社会学）
在多大程度上提供了关于**中东/俄罗斯/欧亚/南亚**的课程？
这类课程与您所在的中心有何联系（例如是否有交叉设置或
共同授课）？

2a-1：该区域的语言教学和培训是否足够满足学生的需求？如　　135
果没有，课程中缺少了哪些语言？学生的论文研究是否有足
够的指导？**如果中心主任和管理人员认为语言培训是有限
的**：这将如何影响中心吸引学生从事该区域整体研究的能

力？这对于中心支持研究生和博士生研究的能力有没有
影响？

现在我想谈谈关于跨学科的问题。

三、中心的跨学科性

3a：请描述一下你们中心与校内其他院系的关系。例如，您是否
　　参与了教师聘任的决定、学生的选拔和资助，以及共同赞助
　　客座讲师、访问学者等等。您对学科院系有影响力吗？是否
　　有课程与其他院系的教师共同授课，是否有课程与其他院系
　　交叉设置？是否参与学位论文答辩委员会？

3a-1：这种关系在什么程度上因院系而异？哪些院系与你们中
　　心的关系更密切，为什么？使用该中心的学生是否偏重于某
　　些学科？如果是这样，您认为为什么会这样？（**您认为与学
　　术院系的关系是加强了还是削弱了这所大学关于中东/俄罗
　　斯/欧亚/南亚地区的教学和知识生产？这对在贵校推广上
　　述区域的研究有什么影响?**）

3a-2：与院系的关系是否产生了任何特殊的挑战或困难（例如，
　　在机构支持、教师聘用和聘期决定、课程体系和课程开发、研
　　究议程、学生招录和咨询等方面）？

3b：**对于学位授予项目**：该中心对自己的项目和其他学位项目的
　　课程体系有何控制？例如，该中心在选择符合学位要求的课
　　程方面是否能发挥作用？

接下来的问题主要围绕该中心与校园内其他中心的关系。

四、中心相对于其他单位和中心的角色

4a：你们与校内的其他区域研究中心有关系吗？你们如何定义
　　这种关系？是否有与其他中心重叠的地理或议题领域？你
　　们与专注于中东/俄罗斯/欧亚/南亚次区域或国家地区的其
　　他中心，以及议题中心（如宗教研究中心、冲突/和平研究中
　　心或跨界研究中心如移民或环境研究中心）的合作如何？这
　　里的区域研究中心与这些中心有联系吗？你们的中心呢？

4b：校园内是否出现了关注中东/俄罗斯/欧亚/南亚或相关地区
　　的新计划或新倡议？访谈者注意：特别是在近 5 年。这些新
　　项目或新倡议是怎么来的？该中心在促进这些计划和倡议
　　的发展方面发挥了什么作用？在您看来，这些计划和倡议是
　　强化还是弱化了中心，又是如何强化或弱化的？

4c：该中心是否与其他大学合作在中东/俄罗斯/欧亚/南亚区域
　　建立合作伙伴关系（如卫星校园或分校）？

4d：你们中心在多大程度上与美国各地大学的类似中心互动？
　　与附近的大学或博雅学院等是否有其他形式的联系？

我想谈几个关于该中心与国际倡议的关系的问题。

五、中心在与国际倡议对接方面的作用

A. 师生的个人机会（**出境**）

5a：师生们有哪些机会前往中东/俄罗斯/欧亚/南亚进行教学、
　　学习、实习、实践培训和/或研究？中心如何促进这些机会，
　　包括在资金方面？近 5 年来，这些机会是减少了还是增加
　　了？是如何减少或增加的？

136

5b:该中心是否从这些个人交流中受益？如果是的话,在哪些方面受益？中心是否追踪前往该地区的特定师生的动向？如果是的话,是怎么做的？

B. 师生的个人机会(入境)

5c:您能告诉我校园里来自该地区的学生的情况吗？他们是否来自一个特定的地区和/或有什么特别的背景？该地区的学生如何与你们中心互动？如果有的话,他们是如何招录的？他们可以获得什么样的支持和资助？

5d:您能告诉我校园里来自该地区的教师的情况吗？这些教师隶属于你们中心吗？是否有从该地区招聘教师的举措？如果是的话,您是否有参与其中？

5e:贵校还会接待哪些来自该地区的其他外国访客,例如访问学者、讲师、外国政要等？中心是否参与这类访问或者为其提供咨询？如果是的话,在哪些方面？这些访客在校园里特别是在你们中心扮演什么角色？

5f:在您看来,近5年来,把外国学生、教师和其他访客引入校园的机会是减少了还是增加了？您认为这是为什么？

C. 机构的机会

5g:该中心是否已经与该地区的特定机构和大学建立了关系？是什么类型的关系(例如,教学、研究、师生交流、共享资料、会议等)？

访谈者注意:请询问具体的例子。

5g-1:请介绍您在建立和维护这些关系方面的经验,例如,有哪些特别的挑战或困难？在哪些方面进展顺利或相当乐观？

最后几个问题主要涉及校园内国际问题和倡议的未来方向。

六、未来的发展方向及其他问题

6a：该中心和更广义上的大学师生是如何接受国际倡议的？学校是否认识到校园国际化的重要性？特别是，大学是否承认该中心在这些活动的协调中发挥的作用？主要体现在哪些方面？

6b：与您所知道的其他中东/俄罗斯/欧亚/南亚研究中心相比，您所在的中心有多典型？你们中心有什么独特之处？

6c：在您看来，未来几年中东/俄罗斯/欧亚/南亚研究在总体上和在贵校层面面临的主要挑战都有哪些？我们可以如何应对这些挑战？

6d：该中心有没有什么具体的计划来推出新的项目和服务，或扩大或改善现有的项目和服务？

6e：如果您有更多的资金，您会做什么？例如，您会在哪些方面拓展该中心的项目？

访谈者注意：这时，可以问一些与中心相关的其他问题。　　　138

收尾问题：

6f：请您对中东/俄罗斯/欧亚/南亚研究提出任何补充意见，无论是在总体上还是在贵校。

6g：这次评估中的哪些反馈对您有帮助？您认为有哪些具体的关切或者问题应该纳入我们的在线调查中？

访谈者注意：评估区域研究作为一种范式受到挑战和质疑的程度。以中东研究为重点，"9·11事件"是重申还是削弱了这一范式？

正式访谈问题

对社会学、经济学和政治学系系主任的访谈

介绍研究背景。感谢您同意参与本研究。如您所知，我们正在研究美国各地的区域研究中心，以及更广义上的校园内的区域和国际项目。您所在的大学是参与此项目阶段的六个地点之一。在此次田野调查中，我们将重点关注三个方面的问题：

第一，区域研究中心内的跨学科问题和更广义上的大学国际化问题。

第二，区域研究或相关项目可能在多大程度上跨越传统边界或相互交叠，包括新的地理或议题重点的开发，如中亚研究、南方国家研究或者全球研究、安全研究等课题。

第三，区域研究中心（尤其是中东、俄罗斯/欧亚和南亚的区域研究中心）的角色，特别是，我们希望将这些中心与校园内涉及国际和全球话题的其他工作联系起来，无论是按地理区域还是按议题焦点来组织。

（请参与者查看并签署同意书。）

139　　在我们开始之前，您有什么问题要问我吗？

1. 您如何描述您所在学科在国际问题上的主要趋势？

2. 将区域专业化与**社会学、经济学或政治学**的学科培训相结合，

会遇到哪些挑战(如有)？你们系有没有关于国际问题的课程？有没有针对国际问题的研究项目,如果有,是哪一类？

2a：对于希望从事国际研究的教师来说,是否存在限制或障碍？例如,教师能否有足够的时间学习新的语言？有没有对希望到海外进行研究或学习的教师提供相应的支持？

3. 你们系有多少研究国际问题的教师？这个数字最近有变化吗？

4. 您对您的研究生(指那些研究国际问题的学生)与区域研究中心的关系了解多少？中心是否为他们提供资源、师资、专业知识等？有什么额外的资源是学生需要而这些中心无法提供的？

5. 在您看来,贵校对待国际问题的优先级是怎样的？这是否会影响您招聘和留用对国际问题感兴趣的师生的能力？

6. 您如何描述贵校的区域研究中心？他们是你们系工作的资源吗？如果是,具体是怎样的？如果没有,为什么没有？

谢谢您!

正式访谈问题

对教务长/国际事务官员的访谈

介绍研究背景。感谢您同意参与本研究。如您所知,我们正在研究美国各地的区域研究中心,以及更广义上的校园内的区域和国际项目。您所在的大学是参与此项目阶段的六个地点之一。在此次田野调查中,我们将重点关注三个方面的问题:

第一,区域研究中心内的跨学科问题和更广义上的大学国际化问题。

第二,区域研究或相关项目可能在多大程度上跨越传统边界或相互交叠,包括新的地理或议题重点的开发,如中亚研究、南方国家研究或者全球研究、安全研究等课题。

第三,区域研究中心(尤其是中东、俄罗斯/欧亚和南亚的区域研究中心)的角色,特别是,我们希望将这些中心与校园内涉及国际和全球话题的其他工作联系起来,无论是按地理区域还是按议题焦点来组织。

(请参与者查看并签署同意书。)

在我们开始之前,您有什么问题要问我吗?

1. 关于世界各地区和/或国际规划的教学和研究在贵校是如何组织的(通过中心、研究所、部门、特别项目等)? 近5年来,您认为这种架构发生了怎样的变化(例如新的项目或学位、新的资金流、新的中心)? 为什么会发生这些变化? (如果对方没有提到"9·11事件"或伊拉克战争等,请追问这一点。)在地区和国际活动方面,贵校的计划和优先级与其他大学有什么差异?

1a:您在对这些项目的监督工作中扮演什么样的角色? 还有谁参与? 在学校层面,是否有什么特定的世界区域或国际倡议优先于其他倡议,如果有,这些优先事项的原因是什么(例如,学生需求、教师聘用、资金可用性、大学伙伴关系等)?

2. 您如何描述区域研究中心在校园中的作用(例如,提供学位、支持学科培训等)? 如您所述,就国际项目规划而言,区域研

究中心之间的关系是什么？如果在问题1中提到了新的项目
或计划：区域研究中心在创建和实施您所提到的新项目/计划
方面的作用有多大？区域研究中心和新项目之间的合作是否
存在阻力？

2a：我们的研究对专注于中东、俄罗斯/欧亚和南亚的区域研究
　　中心特别感兴趣。您认为这些中心对大学的重要性如何？如
　　果没有这些中心，这所大学会是什么样的？

2b：您的部门和区域研究中心是什么关系？中心主任由谁任命、
　　任期多长？贵校在我们所关注的三个地区的专业知识水平如 141
　　何？有没有其中一个或所有这些区域在大学教学工作中属于
　　优先事项？如果有，为什么？

3.　您如何描述贵校学科和区域研究中心之间的关系？我们对这
　　些问题感兴趣的原因之一在于，正如您可能知道的，传统上，
　　区域研究中心在人文学科方面比在社会科学方面更强。具体
　　来说，我们发现，与宗教、历史和文学专业的学生相比，政治
　　学、社会学和经济学专业的学生很少做中东、俄罗斯/欧亚等
　　区域的工作。您认为这样的描述准确吗？如果是这样的话，
　　您认为大学里有什么具体的东西助长了这一趋势吗？换句话
　　说，在社会科学领域，是否存在阻碍学生参与国际话题的结构
　　性的或其他因素？您是否认为这种不平衡是一个问题？如果
　　是的话，这是一个需要在学校层面乃至全国层面解决的问
　　题吗？

3a：在与区域研究中心的互动以及校内更广义的区域研究或国
　　际项目的可用性方面，您从系里的教师、管理人员或学生那里
　　听到了哪些方面的请求或者抱怨？

4. 您在贵校开发或扩展国际倡议或区域项目的过程中面临着哪
    些限制或障碍？特别是在现在和不久的将来,无论是在贵校
    层面还是在总体上,区域研究面临的主要挑战是什么？我们
    可以做些什么来应对这些挑战？如果这些限制不再存在,这
    所大学会是什么样子？

    对于我们正在讨论的三个区域研究中心中的一个或多个,或者
我们已经讨论过的其他问题,您还有什么其他的意见吗？

    非常感谢您!

    访谈者注意:如果问题 1 和问题 2 中没有提到跨界的问题,就专
门问一下。

    请务必提及第二阶段的田野调查,计划于 2007 年秋季学期和
2008 年春季学期进行。

注　释

导　言

1. 《2004 财年新资助项目申报通知》（"Notice Inviting Applications for New Awards for Fiscal Year［FY］2004"），《联邦公报》（*Federal Register*）68：no.165（2003 年 8 月 26 日星期二）：51261—51263。

2. 改编和引用自美国教育部国际研究项目 2003 年拨款提案《国际化和跨学科：对第六编支持的中东研究中心的评估》（"Internationalization and Inter-disciplinarity：An Evaluation of Title Ⅵ Middle East Studies Centers"）。首席研究员塞特尼·沙米（Seteney Shami）。内部文件，SSRC。

3. 参见辛西娅·米勒-伊德里斯（Cynthia Miller-Idriss），《血液与文化：当代德国的青年、右翼极端主义和民族归属》（*Blood and Culture: Youth*，*Right-Wing Extremism*，*and National Belonging in Contemporary Germany*），北卡罗来纳州达勒姆：杜克大学出版社，2009 年。

4. 米切尔·L. 史蒂文斯（Mitchell L. Stevens），《创建一个班级：大学招生和精英教育》（*Creating a Class: College Admissions and the*

Education of Elites），马萨诸塞州剑桥：哈佛大学出版社，2007 年；米切尔·L. 史蒂文斯、伊丽莎白·A. 阿姆斯特朗（Elizabeth A. Armstrong）、理查德·阿鲁姆（Richard Arum），《筛子、孵化器、殿堂和枢纽：高等教育社会学的实证和理论进展》（"Sieve, Incubator, Temple, Hub：Empirical and Theoretical Advances in the Sociology of Higher Education"），《社会学年鉴》（Annual Review of Sociology）34（2008）：127—151。

5. 有关项目的更多信息请访问：ssrc.org/producingknowledgeworldregions。

6. 塞特尼·沙米、辛西娅·米勒-伊德里斯，《新千年的中东研究：知识基础设施》（Middle East Studies for the New Millennium: Infrastructures of Knowledge），纽约：纽约大学出版社，2016 年。

7. 访谈方法见附录。

第一章　美国大学眼里的世界

1. 我们并不是第一个提出这样问题的人。我们特别感谢斯坦福教育学院和全球社会的人们。参见：大卫·约翰·弗兰克（David John Frank），杰伊·加布勒（Jay Gabler），《重构大学：20 世纪学术界的全球变迁》（Reconstructing the University: Worldwide Shifts in Academia in the Twentieth Century），加利福尼亚州斯坦福：斯坦福大学出版社，2006 年。我们的工作重点在于大学如何组织日常教学和科研工作，而不是课程资料库的变化。

144

2. 保罗·迪马乔（Paul DiMaggio），《文化与认知》（"Culture and Cognition"），《社会学年度评论》（Annual Review of Sociology）23（1997）：263—287；引文出自第 269 页。

3. 本段的观点与该书高度一致:米切尔·L. 史蒂文斯,《儿童的王国:家庭教育运动中的文化与争论》(*Kingdom of Children: Culture and Controversy in the Homeschooling Movement*),普林斯顿:普林斯顿大学出版社,2001 年,第 109 页。

4. 吉纳维芙·祖布尔茨基(Geneviève Zubrzycki),《奥斯威辛的十字架:后共产主义波兰的民族主义与宗教》(*The Crosses of Auschwitz: Nationalism and Religion in Post-Communist Poland*),芝加哥:芝加哥大学出版社,2006 年,第 xi—xiii 页。相关研究参见伊丽莎白·S. 克莱门丝(Elisabeth S. Clemens),《社会学的历史转向:事件、过程和涌现的理论化》("Toward a Historicized Sociology: Theorizing Events, Processes, and Emergence"),《社会学年度评论》,33(2007):527—549。

5. 代表性作品是爱德华·萨义德(Edward Said),《东方主义》(*Orientalism*),纽约:佳酿出版公司,1978 年。随后的文献有时被归入后殖民主义理论的大旗之下,数量巨大。

6. 约翰·维林斯基(John Willinsky),《学会划分世界:帝国末期的教育》(*Learning to Divide the World: Education at Empire's End*),明尼阿波利斯:明尼苏达大学出版社,1998 年,第 57 页。

7. 大卫·F. 拉巴里(David F. Labaree),《塑造美国高等教育体系的教区力量》("The Power of the Parochial in Shaping the American System of Higher Education"),载保罗·斯迈尔斯(Paul Smeyers)、马克·德帕普(Marc Depaepe)(编),《教育研究:教育研究的制度空间》(*Educational Research: Institutional Spaces of Educational Research*),多德雷赫特:施普林格出版公司,2013 年,第 31—46 页。

8. 迈克尔·D. 肯尼迪（Michael D. Kennedy）、米格尔·A. 森特诺（Miguel A. Centeno），《美国社会学中的国际主义和全球转型》（"Internationalism and Global Transformations in American Sociology"），载克雷格·卡尔霍恩（Craig Calhoun）（编），《美国的社会学：一段历史》（*Sociology in America: A History*），芝加哥：芝加哥大学出版社，2007 年，第 666—712 页。引文出自第 669 页。肯尼迪和森特诺把这个想法归功于伊曼纽尔·沃勒斯坦（Immanuel Wallerstein），参见沃勒斯坦《社会学的遗产：社会科学的承诺》（"The Heritage of Sociology: The Promise of Social Science"），载《我们所知的世界末日：21 世纪的社会科学》（*The End of the World as We Know It: Social Science for the Twenty-First Century*），明尼阿波利斯：明尼苏达大学出版社，1999 年，第 220—551 页。

9. 详见第三章的讨论和引文。

10. 爱德华·萨义德，《简·奥斯丁与帝国》（"Jane Austen and Empire"），载朱莉·里夫金（Julie Rivkin）、迈克尔·瑞恩（Michael Ryan）（编），《文学理论选集》（*Literary Theory: An Anthology*），第二版，牛津：布莱克威尔出版公司，2004 年［1998 年］，第 1112—1125 页。

11. 西摩·马丁·利普塞特（Seymour Martin Lipset），《第一个新兴国家：历史与比较视野中的美国》（*The First New Nation: The United States in Historical and Comparative Perspective*），新泽西州新布朗斯维克：交易出版公司，2003 年［1963 年］。

12. 彼得·沃斯利（Peter Worsely），《三个世界：文化与世界发展》（*The Three Worlds: Culture and World Development*），芝加哥：芝加哥大学出版社，1984 年。

13. 尼尔斯·吉尔曼(Nils Gilman),《未来的官老爷:冷战时期美国的现代化理论》(*Mandarins of the Future: Modernization Theory in Cold War America*),巴尔的摩:约翰·霍普金斯大学出版社,2003 年。

14. 哈佛大学、耶鲁大学和普林斯顿大学很早就有培养国家领导阶层的雄心壮志。参见杰罗姆·卡拉贝尔(Jerome Karabel),《选择:哈佛、耶鲁和普林斯顿大学录取与排斥的隐秘史》(*The Chosen: The Hidden History of Admission and Exclusion at Harvard, Yale, and Princeton*),纽约:霍顿·米夫林出版公司,2005 年。另见彼得·多布金·霍尔(Peter Dobkin Hall),《1700—1900 年间的美国文化组织:私人机构、精英和美国国籍的起源》(*The Organization of American Culture, 1700—1900: Private Institutions, Elites, and the Origins of American Nationality*),纽约:纽约大学出版社,1982 年。

15. 参见苏珊娜·梅特勒(Suzanne Mettler),《从士兵到公民:〈退伍军人权利法案〉与最伟大一代的诞生》(*From Soldiers to Citizens: The GI Bill and the Making of the Greatest Generation*),纽约:牛津大学出版社,2005 年。

16. 这一部分依赖于大量关于美国高等教育在 20 世纪冷战中的核心作用的二手资料研究。我们在这里列出了两篇早期文献,并在第二章中引用了更多的学术成果。参见丹尼尔·李·克莱曼(Daniel Lee Kleinman),《无尽边疆的政治:战后美国的研究政策》(*Politics on the Endless Frontier: Postwar Research Policy in the United States*),北卡罗来纳州达勒姆:杜克大学出版社,1995 年;丽贝卡·S. 洛温(Rebecca S. Lowen),《创建冷战大学:斯坦福大学的转型》(*Creating the Cold War University: The Transformation of Stanford*),伯克利:加利福尼亚大学出版社,1997 年。

145

17. 乔治·斯坦梅茨(George Steinmetz),《前言》("Preface"),载《社会学与帝国:一门学科的帝国纠葛》(*Sociology and Empire: The Imperial Entanglements of a Discipline*),北卡罗来纳州达勒姆:杜克大学出版社,2013,第 ix—xiv 页。引文出自第 xiii 页。

18. 布莱恩·巴洛格(Brian Balogh),《看不见的政府:19 世纪美国的国家权力之谜》(*A Government Out of Sight: The Mystery of National Authority in Nineteenth Century America*),剑桥:剑桥大学出版社,2009 年。另见克里斯托弗·P. 洛斯(Christopher P. Loss),《在公民与国家之间:20 世纪美国高等教育中的政治》(*Between Citizens and the State: The Politics of American Higher Education in the Twentieth Century*),普林斯顿:普林斯顿大学出版社,2012 年。洛斯继承了巴洛格的观点,将 20 世纪的美国高等教育称为"准国家"。

19. C. 赖特·米尔斯(C. Wright Mills),《社会学的想象力》,(*The Sociological Imagination*),纽约:牛津大学出版社,1959 年,第 106 页。另见斯坦梅茨,《前言》,第 xii 页。

20. 安德鲁·阿伯特(Andrew Abbott)、詹姆斯·T. 斯帕罗(James T. Sparrow),《热战与冷战:社会学行动的结构(1940—1955)》("Hot War, Cold War: The Structures of Sociological Action, 1940 – 1955"),载克雷格·卡尔霍恩(编),《美国的社会学:一段历史》,芝加哥:芝加哥大学出版社,2007 年,第 281—313 页。

21. 关于应用社会科学客观性理想的历史性崛起,参见莉萨·安德森(Lisa Anderson),《追求真理,行使权力:21 世纪的社会科学和公共政策》(*Pursuing Truth, Exercising Power: Social Science and Public Policy in the Twenty-First Century*),纽约:哥伦比亚大学出版社,

2003 年。关于社会科学中定量数据集的声誉,参见温迪·纳尔逊·埃斯佩兰(Wendy Nelson Espeland)、米切尔·L. 史蒂文斯,《量化社会学》("A Sociology of Quantification"),《欧洲社会学杂志》(*European Journal of Sociology*)XLIX(2008):401—436。

22. 大卫·恩格曼(David Engerman),《了解你的敌人:美国苏联专家的兴衰》(*Know Your Enemy: The Rise and Fall of America's Soviet Experts*),第 2 页。在美国政府和洛克菲勒基金会的大力支持下,苏联研究在二战末期兴起,成为为国家安全服务的第一个研究领域,将传统学科的学者聚集在一种新形式的跨学科组织中,"以实际问题为导向,而不是以学科期望为导向,并培养在政府机构工作的实用专家"(第 3 页)。俄罗斯研究项目主要依赖人文学科,强调"语言能力和文化知识",不仅派遣社科学者,还派遣大量历史学和人文学者到国外学习(第 4 页)。其他基金会如卡耐基基金会和福特基金会也迅速效仿洛克菲勒,投入数百万美元支持美国大学的区域研究项目。福特基金会特别投入,"很快使美国所有用于国际研究的公共和私人资金来源相形见绌"(第 41 页)。

23. 恩格曼,《了解你的敌人:美国苏联专家的兴衰》,第 44 页,引自亚历克斯·莱顿(Alex Leighton),《变化世界中的人际关系:社会科学应用观察》(*Human Relations in a Changing World: Observations on the Use of the Social Sciences*),纽约,1949 年,第 43、44 页等多处。

24. 洛斯,《在公民与国家之间:20 世纪美国高等教育中的政治》,第 121—164 页。

146

25. 肯尼迪、森特诺,《美国社会学中的国际主义和全球转型》,第 678 页。

26. 详见第二章的讨论和引文。

27. 乔治·斯坦梅茨，《二战前后的美国社会学：一个学科领域的（暂时）安放》（"American Sociology before and after World War II: The [Temporary] Settling of a Disciplinary Field"），载克雷格·卡尔霍恩（编）《美国的社会学：一段历史》，芝加哥：芝加哥大学出版社，2007 年，第 314—366 页。

28. 比约恩·维特罗克（Björn Wittrock），《历史和社会学：社会科学中历史推断的变迁》（"History and Sociology: Transmutations of Historical Reasoning in the Social Sciences"），载彼得·海德斯特伦（Peter Hedström）、比约恩·维特罗克（编），《社会学前沿》（Frontiers of Sociology），国际社会学研究所年鉴，（Annals of the International Institute of Sociology），第 11 卷，波士顿：博睿出版公司，2009 年，第 77—112 页，引文出自第 89 页。

29. 肯尼迪、森特诺，《国际主义和全球转型》，第 681 页。

30. 吉尔曼，《未来的官老爷：冷战时期美国的现代化理论》。

31. 《二战前后的美国社会学：一个学科领域的（暂时）安放》，载克雷格·卡尔霍恩（编），《美国的社会学：一段历史》，第 314—366 页。另见伊曼纽尔·沃勒斯坦，《冷战时期地区研究的非预期后果》（"Unintended Consequences of Cold War Area Studies"）以及《1968 年，世界体系中的革命》（"1968, Revolution in the World-System"），载伊曼纽尔·沃勒斯坦，《地缘政治和地理文化：变化中的世界体系文集》（Geopolitics and Geoculture: Essays on the Changing World-System），剑桥：剑桥大学出版社，1991 年，第 65—83 页。

32. 参见伊曼纽尔·沃勒斯坦，《世界经济的政治：国家、运动与文明》（The Politics of the World Economy: The States, the Movements,

and the Civilizations），剑桥：剑桥大学出版社，1984 年。

33. 有关的批判性评论参见阿尔让·阿帕杜莱（Arjun Appadurai），
《总体现代性：现代性的文化动力》（*Modernity at Large: Cultural
Dynamics of Modernity*），明尼阿波利斯：明尼苏达大学出版社，
1996 年。詹姆斯·C. 斯科特（James C. Scott），《国家的视角：那
些试图改善人类状况的项目是如何失败的》（*Seeing Like a State:
How Certain Schemes to Improve the Human Condition Have Failed*），
康涅狄格州纽黑文：耶鲁大学出版社，1998 年。关于发展项目的
深入社会学研究参见若瑟兰·维特尔纳（Jocelyn Viterna）、卡桑
德拉·罗伯逊（Cassandra Robertson），《发展社会学的新方向》
（"New Directions in the Sociology of Development"），《社会学年度
评论》，41（2015）：243—269。现代化理论继续引发的争论参见大
卫·帕伦博-刘（David Palumbo-Liu）、布鲁斯·罗宾斯（Bruce
Robbins）和尼尔瓦纳·塔努基（Nirvana Tanoukhi）（编），《伊曼纽
尔·沃勒斯坦与世界问题：制度、规模与文化》（*Immanuel
Wallerstein and the Problem of the World: System, Scale, Culture*），北
卡罗来纳州达勒姆：杜克大学出版社，2011 年。

34. 有关美国高等教育组织中这一划时代转变的学术概述，参见米切
尔·L. 史蒂文斯、本·加布雷-梅津（Ben Gebre-Medhin），《协会、
服务、市场：美国政治发展中的高等教育》（"Association, Service,
Market: Higher Education in American Political Development"），《社
会学年度评论》，42（2016）：121—124。最近对政府机构基础研究
经费停滞或减少的抱怨还涉及美国艺术与科学学院，参见《重建
基石：研究在延续美国梦中的重要作用》（*Restoring the
Foundation: The Vital Role of Research in Preserving the American*

Dream），马萨诸塞州剑桥：美国艺术与科学学院，2014 年；另见乔纳森 · R. 科尔（Jonathan R. Cole），《伟大的美国大学：它的崛起、它不可缺少的国家角色以及为什么它必须被保护》（*The Great American University: Its Rise to Preeminence, Its Indispensable National Role, and Why It Must Be Protected*），纽约：公共事务出版公司，2009 年。

35. 艾萨克 · 马丁（Isaac Martin），《永久的抗税：财产税如何改变美国政治》（*The Permanent Tax Revolt: How the Property Tax Transformed American Politics*），加利福尼亚州斯坦福：斯坦福大学出版社，2008 年。

36. 有关州政府层面的这些变化的评论，参见帕特里夏 · 甘波特（Patricia Gumport），《学术重组：组织变革与制度要求》（"Academic Restructuring: Organizational Change and Institutional Imperatives"），《高等教育》（*Higher Education*），39（2000）：67—91。

37. 简要的评论参见史蒂文 · 布林特（Steven Brint），《创造未来：美国研究型大学的新方向》（"Creating the Future: 'New Directions' in American Research Universities"），《密涅瓦》（*Minerva*），43（2005）：23—50。

38. 伊丽莎白 · 波普 · 伯曼（Elizabeth Popp Berman），《创建市场大学：学术如何成为经济引擎》（*Creating the Market University: How Academic Science Became an Economic Engine*），普林斯顿：普林斯顿大学出版社，2012 年。

39. 伊丽莎白 · A. 阿姆斯特朗、劳拉 · T. 汉密尔顿（Laura T. Hamilton），《为党派买单：大学如何维持不平等》（*Paying for*

147

the Party: How College Maintains Inequality），马萨诸塞州剑桥：哈佛大学出版社，2013 年。

40. 奥赞·贾奎特（Ozan Jaquette）、布拉德利·R. 库尔斯（Bradley R. Curs），《创建国家之外的大学：公立大学是否会因国家拨款减少而增加招生人数?》（"Creating the Out-of-State University: Do Public Universities Increase Enrollments in Response to Declining State Appropriations?"），《高等教育研究》（*Research in Higher Education*），56（2015）：535—565；约翰·邦德（John Bound）、布雷诺·布拉加（Breno Braga）、高拉夫·康纳（Gaurav Khanna）、萨拉·特纳（Sarah Turner），《美国之旅：大学资助与国际学生》（"A Passage to America: University Funding and International Students"），密歇根大学安娜堡分校工作论文，2015 年。

41. 关于大学费用的普遍攀升，参见罗纳德·G. 埃伦伯格（Ronald G. Ehrenberg），《学费上涨：为什么大学学费这么高》（*Tuition Rising: Why College Costs So Much*），马萨诸塞州剑桥：哈佛大学出版社，2002 年；另见萨拉·戈德里克-拉布（Sara Goldrick-Rab），《付出代价：大学费用、财政资助和对美国梦的背叛》（*Paying the Price: College Costs, Financial Aid, and the Betrayal of the American Dream*），芝加哥：芝加哥大学出版社，2016 年。

42. 有关二战后美国高等教育财政的有益总结，参见威廉·祖梅塔（William Zumeta）、大卫·W. 布伦曼（David W. Brenneman）、帕特里克·M. 卡兰（Patrick M. Callan）、若尼·E. 芬尼（Joni E. Finney），《全球化时代的美国高等教育融资》（*Financing American Higher Education in the Era of Globalization*），马萨诸塞州剑桥：哈佛大学出版社，2012 年。有关精英高等教育不断变化的财务结

构的批判性阐述,参见大卫·柯普(David Kirp),《莎士比亚、爱因斯坦与底线:高等教育的市场营销》(*Shakespeare, Einstein, and the Bottom Line: The Marketing of Higher Education*),马萨诸塞州剑桥:哈佛大学出版社,2003 年。

43. 对这方面海量文献的简要回顾,参见丝奇雅·沙森(Saskia Sassen),《世界经济中的城市》(*Cities in a World Economy*),第四版,洛杉矶:塞奇出版有限公司,2012 年;另见尼尔·布伦纳(Neil Brenner),《新的国家空间:城市治理与国家地位的重新定位》(*New State Spaces: Urban Governance and the Rescaling of Statehood*),纽约:牛津大学出版社,2004 年。

44. 人类学乃至更广泛意义上的人文社会科学的试金石是詹姆斯·G. 克利福德(James G. Clifford)、乔治·E. 马库斯(George E. Marcus),《写文化:民族志的诗学与政治学》(*Writing Culture: The Poetics and Politics of Ethnography*),伯克利:加利福尼亚大学出版社,1986 年。

45. 马丁·W. 刘易斯(Martin W. Lewis)、卡伦·威根(Kären Wigen),《大陆的神话:元地理学批判》(*The Myth of Continents: A Critique of Metageography*),伯克利:加利福尼亚大学出版社,1997 年。

46. 参见丝奇雅·沙森,《领土、权威和权利:从中世纪到全球集合体》(*Territory, Authority, Rights: From Medieval to Global Assemblages*),普林斯顿:普林斯顿大学出版社,2006 年;詹姆斯·克利福德,《路线:二十世纪末的旅行和翻译》(*Routes: Travel and Translation in the Late Twentieth Century*),马萨诸塞州剑桥:哈佛大学出版社,1997 年。

47. 参见阿尔让·阿帕杜莱,《作为文化事实的未来:全球状况文集》

（*The Future as Cultural Fact: Essays on the Global Condition*），纽约：
沃索出版公司，2013 年；塞拉·本哈比（Seyla Benhabib），《文化诉
求：全球时代的平等与多样性》（*The Claims of Culture: Equality
and Diversity in the Global Era*），普林斯顿：普林斯顿大学出版社，
2002 年；迈克尔·D. 肯尼迪，《知识全球化：转型中的知识分子、
大学和公众》（*Globalizing Knowledge: Intellectuals, Universities and
Publics in Transformation*），加利福尼亚州斯坦福：斯坦福大学出版
社，2014 年。有关类似问题的早期讨论，参见桑德拉·哈丁
（Sandra Harding），《谁的科学：谁的知识？女性生命视角的思考》
（*Whose Science: Whose Knowledge? Thinking from Women's Lives*），纽
约州伊萨卡：康奈尔大学出版社，1991 年，特别是第八章和第
九章。

48. 这一观点的灵感来源于对美国 K-12 学校的研究，参见大卫·提
阿克（David Tyack）、拉里·库班（Larry Cuban），《修修补补走向
乌托邦：公立学校改革的一个世纪》（*Tinkering toward Utopia: A
Century of Public School Reform*），马萨诸塞州剑桥：哈佛大学出版
社，1997 年。

49. 感谢杰瑞·雅各布斯（Jerry Jacobs）的隐喻。

50. 最近的一项挑衅性的声明，参见大卫·拉巴里，《一场完美的混
乱：美国高等教育不太可能崛起》（*A Perfect Mess: The Unlikely
Ascendancy of American Higher Education*），芝加哥：芝加哥大学出
版社，2017 年。关于美国大学的复杂性和层叠性的经典陈述，参
见克拉克·克尔（Clark Kerr），《大学之用》（*The Uses of the
University*），马萨诸塞州剑桥：哈佛大学出版社，2001 年［1963
年］，以及迈克尔·D. 科恩（Michael D. Cohen）、詹姆斯·G. 马奇

（James G. March）、约翰·P. 奥尔森（Johan P. Olsen），《组织选择的垃圾桶模型》（"A Garbage Can Model of Organizational Choice"），《管理科学季刊》（*Administrative Science Quarterly*），17（1972）:1—25。

第二章　何为区域研究？

1. 罗伯特·罗维（Robert Lowie），《初民社会》（*Primitive Society*），纽约:博尼和利夫莱特出版公司，1920 年，第 441 页。

2. 安德鲁·阿伯特，《学科的混乱》（*Chaos of Disciplines*），芝加哥:芝加哥大学出版社，2001 年。我们将在第三章更直接地讨论这一现象。

3. 多萝西·罗斯（Dorothy Ross），《美国社会科学的起源》（*The Origins of American Social Science*），剑桥:剑桥大学出版社，1991 年。

4. 斯科特·弗里克尔（Scott Frickel）、尼尔·格罗斯（Neil Gross），《科学/知识运动的普遍理论》（"A General Theory of Scientific/Intellectual Movements"），《美国社会学杂志》（*American Journal of Sociology*），70（2005）:204—232。引文出自第 206 页。

5. 主要参见迈克尔·E. 莱瑟姆（Michael E. Latham）《作为意识形态的现代化:美国社会科学与肯尼迪时代的"国家建设"》（*Modernization as Ideology: American Social Science and "Nation Building" in the Kennedy Era*），教堂山:北卡罗来纳大学出版社，2000 年;尼尔斯·吉尔曼，《未来的官老爷:冷战时期美国的现代化理论》;玛格丽特·奥马拉（Margaret O'Mara），《知识城市:冷战时期的科学与对下一个硅谷的找寻》（*Cities of Knowledge: Cold*

War Science and the Search for the Next Silicon Valley)，普林斯顿：普林斯顿大学出版社，2005 年；克里斯托弗・P. 洛斯，《在公民与国家之间：20 世纪美国高等教育中的政治》，普林斯顿：普林斯顿大学出版社，2012 年；乔尔・艾萨克（Joel Isaac），《知识工作：从帕森斯到库恩的人文科学》（*Working Knowledge: Making the Human Sciences from Parsons to Kuhn*），马萨诸塞州剑桥：哈佛大学出版社，2012 年。

6. 洛斯，《在公民与国家之间：20 世纪美国高等教育中的政治》。另见克里斯托弗・P. 洛斯，《我在军队里发生的最美妙的事情：二战中的心理学、公民身份和美国高等教育》（"'The most wonderful thing has happened to me in the army'：Psychology，Citizenship，and American Higher Education in World War II"），《美国历史杂志》（*The Journal of American History*），92（2005）：864—891。

7. 关于区域研究项目如何与学科研究共同发展有不少活跃的讨论，我们在后续章节中的分析也有所贡献。更全面的观点参见理查德・J. 塞缪尔（Richard J. Samuels）、迈隆・韦纳（Myron Weiner）（编），《域外政治文化与国际研究：卢西恩・W. 派伊纪念文集》（*The Political Culture of Foreign Area and International Studies: Essays in Honor of Lucien W. Pye*），纽约：布拉西出版社，1992 年；《主持人讨论：比较教育、区域研究与学科》（"Moderated Discussion：Comparative Education，Area Studies，and the Disciplines"），《比较教育评论》（*Comparative Education Review*），50（2006）：125—148。

8. 肯顿・W. 沃彻斯特（Kenton W. Worchester），《社会科学研究理事会，1923—1998》（*Social Science Research Council, 1923—1998*），纽

149

约:社会科学研究理事会,2001年。

9. 我们在一定程度上偏离了扎卡里·洛克曼(Zachary Lockman)在
《田野笔记:美国中东研究的形成》(*Field Notes: The Making of
Middle East Studies in the United States*,加利福尼亚州斯坦福:斯坦
福大学出版社,2016年)一书中对区域研究的详尽描述。尽管洛
克曼强调从文明调查到冷战时期中东地区调查的连续性,但就我
们的目的而言,重要的是注意到现代化项目如何从根本上改变了
对地区的社会科学调查,并使该调查直接为联邦政府服务。

10. 吉尔曼,《未来的官老爷:冷战时期美国的现代化理论》,第113
页。参见艾萨克,《知识工作:从帕森斯到库恩的人文科学》,特
别是关于哈佛大学的部分。

11. 关于苏联学和冷战,参见大卫·恩格曼,《了解你的敌人:美国苏
联专家的兴衰》,纽约:牛津大学出版社,2006年。

12. 奥德·阿恩·韦斯塔德(Ode Arne Westad),《全球冷战》(*The
Global Cold War*),剑桥:剑桥大学出版社,2007年。

13. 现代化理论的标志性文献包括:W. W. 罗斯托(W. W. Rostow),
《经济增长的阶段:非共产党宣言》(*The Stages of Economic
Growth: A Non-Communist Manifesto*),剑桥:剑桥大学出版社,1960
年;D. 勒纳(D. Lerner),《传统社会的消逝:中东地区的现代化》
(*The Passing of Traditional Society: Modernizing the Middle East*),伊
利诺伊州格伦科:自由出版公司,1958年;大卫·E. 阿普特
(David E. Apter),《现代化的政治》(*The Politics of
Modernization*),芝加哥:芝加哥大学出版社,1965年。

14. 莱瑟姆,《作为意识形态的现代化:美国社会科学与肯尼迪时代的
"国家建设"》,第209页。

15. 对区域研究历史的简要概述,参见伊曼纽尔·沃勒斯坦,《冷战时期地区研究的非预期后果》,载安德烈·希夫林(Andre Schiffrin)(编),《冷战与大学:走向战后的思想史》(*The Cold War and the University: Toward and* Intellectual History of the Postwar Years*),纽约:新兴出版公司,1997 年,第 195—232 页。关于第六编的详细历史,参见南希·L. 鲁特(Nancy L. Ruther),《勉强而有力的存在:美国多年来的国际高等教育政策》(*Barely There, Powerfully Present: Thirty Years of U.S. Policy on International Higher Education*),伦敦和纽约:罗德里奇出版公司,2002 年。

16. 罗伯特·A. 麦考伊(Robert A. McCaughey),《国际研究与学术事业:美国学术圈中的一章》(*International Studies and Academic Enterprise: A Chapter in the Enclosure of American Learning*),纽约:哥伦比亚大学出版社,1984 年。

17. 克雷格·卡尔霍恩,《革新国际研究》("Renewing International Studies"),载大卫·S. 威利(David S. Wiley)、罗伯特·S. 格里夫(Robert S. Glew)(编),《面向全球未来的国际与语言教育:第六编与富布赖特-海斯计划 50 年的美国》(*International and Language Education for a Global Future: Fifty Years of U.S. Title VI and Fulbright-Hays Programs*),东兰辛:密歇根州立大学出版社,2010 年,第 227—254 页。另见辛西娅·米勒-伊德里斯、伊丽莎白·安德森·沃登(Elizabeth Anderson Worden),《美国高等教育的国际化:美国大学的中东研究》("Internationalisation in US Higher Education: Studying the Middle East in the American University"),

---

* 此处原文有误,应为 an。

《全球化、社会与教育》(*Globalisation*, *Societies and Education*), 8 (2010):393—409。

18. 西摩·马丁·利普塞特,《第一个新兴国家:历史与比较视野中的美国》,纽约:基础读物出版公司,1963年。

19. 在这一部分,我们要感谢斯里鲁帕·罗伊(Srirupa Roy),《区域研究的争论》("Debates on Area Studies"),纽约:社会科学研究理事会,未注明日期。另见维桑特·L. 拉斐尔(Vicente L. Rafael),《美国区域研究的文化》("The Cultures of Area Studies in the United States"),《社会文本》(*Social Text*),41(1994):91—111。

20. 洛伦·格雷厄姆(Loren Graham)、让-米歇尔·坎特(Jean-Michel Kantor),《"软"区域研究与"硬"社会科学:一种错误的对立》("' Soft ' Area Studies versus ' Hard ' Social Science: A False Opposition"),《斯拉夫评论》(*Slavic Review*),66(2007):1—19。

21. 马克·泰斯勒(Mark Tessler)、乔迪·纳赫特韦(Jodi Nachtwey)、安妮·班达(Anne Banda),《导言:区域研究的争论》("Introduction:The Area Studies Controversy"),载《区域研究与社会科学:理解中东政治的策略》(*Area Studies and Social Science: Strategies for Understanding Middle East Politics*),布卢明顿:印第安纳大学出版社,1999年,第vii—xxi页。

22. 约翰·李(John Lie),《亚洲研究/全球研究:超越区域研究与社会科学》("Asian Studies/Global Studies:Transcending Area Studies and Social Sciences"),《交流:东亚历史文化评论》(*Cross-Currents:East Asian History and Culture Review*),2(2012):5。

23. 关于社会科学中的地理沙文主义的阐述,参见雷文·康奈尔(Raewyn Connell),《北方理论:一般社会理论的政治地理学》

（"Northern Theory: The Political Geography of General Social Theory"），《理论与社会》（*Theory and Society*），35（2006）：237—264。

24. 马克·索洛维（Mark Solovey），《卡默洛特计划与 20 世纪 60 年代的认识论革命：重新思考政治资助社会科学》（"Project Camelot and the 1960s Epistemological Revolution: Rethinking the Politics-Patronage-Social Science Nexus"），《科学的社会研究》（*Social Studies of Science*），31（2001）：171—206。

25. 塞特尼·沙米、马西亚尔·戈多伊-阿纳蒂维亚（Marcial Godoy-Anativia），《区域研究与"9·11"之后的十年》（"Area Studies and the Decade after 9/11"），载塞特尼·沙米、辛西娅·米勒-伊德里斯（编），《新千年的中东研究：知识基础设施》，纽约：纽约大学出版社，2016 年，第 351—374 页。

26. 参见本书作者塞特尼·沙米和辛西娅·米勒-伊德里斯编纂的文集：《新千年的中东研究：知识基础设施》，纽约：纽约大学出版社，2016 年。

27. 布莱尔·A. 鲁布尔（Blair A. Ruble），《前言》，载丹尼尔·奥尔洛夫斯基（Daniel Orlovsky），《超越苏联研究》（*Beyond Soviet Studies*），华盛顿特区：伍德罗·威尔逊中心出版公司，1995 年，第 ix—xi 页。

28. 奥尔洛夫斯基（编），《超越苏联研究》，第 1 页。

29. 凯瑟琳·道蒂（Catherine Doughty），《语言能力、表现、熟练程度和认证：现状和新方向》（"Language Competence, Performance, Proficiency, and Certification: Current Status and New Directions"），载大卫·S. 威利、罗伯特·S. 格里夫（编），《面向全球未来的国

际与语言教育：第六编与富布赖特-海斯计划 50 年的美国》，东兰辛：密歇根州立大学出版社，2010 年，第 111—135 页。另见伊莱恩·E. 塔隆（Elaine E. Tarone），《第六编 50 年对美国语言学习的影响》（"The Impact of Fifty Years of Title VI on Language Learning in the United States"），载同一文献第 71—88 页。

30. 辛西娅·米勒-伊德里斯，《走向世界：世界"其他"地区如何塑造美国的 K-16 教育》（"Going Global：How U.S. K-16 Education Is Shaped by the 'Rest' of the World"），载克里斯托弗·P. 洛斯、帕特里克·麦吉恩（Patrick McGuinn）（编），《K - 12 教育与高等教育的融合：变革时代的政策与计划》（*The Convergence of K-12 and Higher Education：Policies and Programs in a Changing Era*），马萨诸塞州剑桥：哈佛大学出版社，2016 年，第 197—214 页。

31. 玛丽·艾伦·奥康奈尔（Mary Ellen O'Connell）、珍妮特·诺伍德（Janet L. Norwood）（编），《国际教育与外语：确保美国未来的关键》（*International Education and Foreign Language：Keys to Securing America's Future*），华盛顿特区：国家研究委员会，国家学术出版公司，2007 年。

32. 大卫·S. 威利，《引言：通过第六编和富布赖特-海斯法案寻求全球竞争力》（"Introduction：Seeking Global Competence through the Title VI and Fulbright-Hays Acts"），载大卫·S. 威利、罗伯特·S. 格里夫（编），《面向全球未来的国际与语言教育：第六编与富布赖特-海斯计划 50 年的美国》，东兰辛：密歇根州立大学出版社，2010 年，第 1—16 页。引文出自第 11 页。

33. 乔纳森·弗里德曼（Jonathan Friedman）、辛西娅·米勒-伊德里斯，《门户与客栈：区域研究中心如何决定学术流动》（"Gateways

151

and Guest-Homes: How Area Studies Centers Serve as Arbiters of Scholarly Mobility"），载伯恩哈德·斯特雷特威瑟（Bernhard Streitweiser）（编），《高等教育国际化与全球流动》（*Internationalization of Higher Education and Global Mobility*），英国牛津：研讨会书籍，2014 年，第 151—168 页。

34. 乔纳森·弗里德曼、伊丽莎白·A. 沃登，《创建跨学科校园空间：美国区域研究中心的经验教训》（"Creating Interdisciplinary Space on Campus: Lessons from US Area Studies Centers"），《高等教育研究与发展》（*Higher Education Research and Development*），35（2016）：129—141。其他一些研究也支持物理上的邻近与学术生产力之间关系的论断，参见费利奇西姆·W. 卡博（Felichism W. Kabo）、娜塔莉·科顿-奈斯勒（Natalie Cotton-Nessler）、黄永华（Yongha Hwang）、玛格丽特·C. 莱文斯坦（Margaret C. Levenstein）、杰森·欧文-史密斯（Jason Owen-Smith），《邻近效应对科研合作的动力和结果的影响》（"Proximity Effects on the Dynamics and Outcomes of Scientific Collaborations"），《研究政策》（*Research Policy*），43（2014）：1469—1485。

35. 弗里德曼、沃登，《创建跨学科校园空间：美国区域研究中心的经验教训》，《高等教育研究与发展》，35（2016）：137。关于学术空间和地位之间关系的概括性介绍参见：米切尔·L. 史蒂文斯，《斯堪的纳维亚组织研究联盟的空间》（"The Space of SCANCOR"），《北欧组织研究》（*Nordiske Organisasjonsstudier*），4（2013）：51—54。

36. 伊曼纽尔·沃勒斯坦，《开放社会科学：古尔本基安社会科学改革委员会的报告》（*Open the Social Sciences: Report of the Gulbenkian*

Commission on the Restructuring of the Social Sciences），加利福尼亚州斯坦福：斯坦福大学出版社，1996 年。引文出自第 36—38 页。

37. 《冷战时期地区研究的非预期后果》，载诺姆·乔姆斯基（Noam Chomsky）等（编），《冷战与大学：走向战后的思想史》，纽约：新兴出版公司，1997 年，第 195—231 页。另见洛克曼，《田野笔记：美国中东研究的形成》。

38. 引自维罗妮卡·博伊克斯·曼西拉（Veronica Boix Mansilla）、米谢勒·拉蒙（Michèle Lamont）、佐藤恭子（Kyoko Sato），《共享的认知-情感-互动平台：成功的跨学科合作的标志和条件》（"Shared Cognitive-Emotional-Interactional Platforms: Markers and Conditions for Successful Interdisciplinary Collaborations"），《科学、技术与人类价值》（*Science, Technology and Human Values*），41（2016）：571—612。引文来自第 572 页。一个有趣的定量研究试图评估学科跨界的预示物和催化剂，参见克雷格·M. 罗林斯（Craig M. Rawlings）、丹尼尔·A. 麦克法兰（Daniel A. McFarland）、林纳斯·达兰德（Linus Dahlander）、王丹（Dan Wang），《思想之流：多学科时代的知识流动和知识凝聚》（"Streams of Thought: Knowledge Flows and Intellectual Cohesion in a Multidisciplinary Era"），《社会力量》（*Social Forces*），93（2015）：1687—1722；林纳斯·达兰德、丹尼尔·A. 麦克法兰，《持久的纽带：研究合作中纽带的形成和持久性随时间推移而变化》（"Ties that Last: Tie Formation and Persistence in Research Collaborations over Time"），《管理科学季刊》，58（2013）：69—110。

第三章 院系和非院系

1. 关于学术管理对机构声望的影响的独到见解,参见艾米莉·J. 莱文(Emily J. Levine),《巴尔的摩的教学、哥廷根的研究:合作、竞争与研究型大学》("Baltimore Teaches, Göttingen Learns: Cooperation, Competition, and the Research University"),《美国历史评论》(*American Historical Review*),121(6月):780—823。

2. 有关的简要评论,参见查尔斯·卡米克(Charles Camic)、尼尔·格罗斯、米谢勒·拉蒙,《社会知识创造的研究》("The Study of Social Knowledge Making"),载查尔斯·卡米克、尼尔·格罗斯、米谢勒·拉蒙,《创造中的社会知识》(*Social Knowledge in the Making*),芝加哥:芝加哥大学出版社,2011 年,第 1—40 页。

3. 关于物理学和生物学中知识生产的比较研究,参见卡琳·克诺尔-塞蒂纳(Karin Knorr-Cetina),《认识论的文化:科学家如何制造知识》(*Epistemic Cultures: How Scientists Make Knowledge*),马萨诸塞州剑桥:哈佛大学出版社,1999 年。

4. 安德鲁·阿伯特,《学科的混乱》,芝加哥:芝加哥大学出版社,2011 年。思想史家乔尔·艾萨克对 20 世纪中叶哈佛大学社会科学的研究与我们自己的分析有一个有趣的相似之处,参见《知识工作:从帕森斯到库恩的人文科学》,马萨诸塞州剑桥:哈佛大学出版社,2012 年。

5. 艾米莉·J. 莱文,《巴尔的摩的教学、哥廷根的研究:合作、竞争与研究型大学》,《美国历史评论》,121(6月):780—823。

6. 除了阿伯特本人 2001 年的研究外,关于美国高等教育的丰富叙

152

事还可参见 R. 维齐（R. Veysey），《美国大学的兴起》（*The Emergence of the American University*），芝加哥：芝加哥大学出版社，1965 年；大卫・O. 莱文（David O. Levine），《美国大学与志向文化：1915—1940》（*The American College and Culture of Aspiration, 1915—1940*），纽约州伊萨卡：康奈尔大学出版社，1986 年。克里斯托弗・J. 卢卡斯（Christopher J. Lucas），《美国高等教育：一段历史》（*American Higher Education: A History*），纽约：圣马丁出版公司，1994 年；约翰・R. 特林（John R. Thelin），《美国高等教育的历史》（*A History of American Higher Education*），巴尔的摩：约翰・霍普金斯大学出版社，2011 年。关于公立大学资助的政治动态，参见查尔斯・T. 克洛特费尔特（Charles T. Clotfelter），《美国大学的大型体育赛事》（*Big-Time Sports in American Universities*），纽约：剑桥大学出版社，2011 年。

7. 伯顿・J. 布莱德斯坦（Burton J. Bledstein），《专业主义的文化：中产阶级与美国高等教育的发展》（*The Culture of Professionalism: The Middle Class and the Development of Higher Education in America*），纽约：诺顿出版公司，1978 年；另见哈罗德・S. 韦克斯勒（Harold S. Wechsler），《合格的学生：美国大学选择性录取的历史》（*The Qualified Student: A History of Selective College Admission in America*），纽约：约翰威立出版公司，1977 年。

8. 同样，社会学、经济学、历史学、政治学、现代语言学和其他学科的全国性学会与大学专业的发展同时出现，这并非巧合。参见斯蒂芬・埃林森（Stephen Ellingson），《1870—1910 年主辅修课程的出现和制度化》（"The Emergence and Institutionalization of the Major-Minor Curriculum, 1870—1910"），芝加哥大学社会学系，1996 年。

另见克里斯托瓦尔·杨（Cristobal Young），《1880—1940 年社会学在美国政治经济学中的兴起》（The Emergence of Sociology from Political Economy in the United States：1880—1940），《行为科学史杂志》（*Journal of the History of the Behavioral Sciences*），45（2009）：91—116。

9. 参见阿伯特在《学科的混乱》第五章中的阐述，第 121—153 页。

10. 阿伯特《学科的混乱》，第 49 页。

11. 关于作为一种规训和控制机制的学术排名，参见温迪·纳尔逊·埃斯佩兰、迈克尔·绍德（Michael Sauder），《焦虑的动力：学术排名、声誉和责任感》（*Engines of Anxiety: Academic Rankings, Reputation, and Accountability*），纽约：罗素·塞奇基金会，2016 年。

12. 参见杰瑞·A. 雅各布斯，《捍卫学科：研究型大学的跨学科与专业化》（*In Defense of Disciplines: Interdisciplinarity and Specialization in the Research University*），芝加哥：芝加哥大学出版社，2013 年，我们将在第三章讨论其核心论点。类似的观点参见米谢勒·拉蒙，《教授如何思考：走进学术评判的奇妙世界》（*How Professors Think: Inside the Curious World of Academic Judgment*），马萨诸塞州剑桥：哈佛大学出版社，2009 年。

13. 现代语言协会（Modern Language Association），《现代语言和文学博士研究特别小组的报告》（*Report of the MLA Task Force on Doctoral Study on Modern Language and Literature*），2014 年 5 月。

14. 关于博士生培养在学术声望体系中的中心地位，参见朱莉·R. 波瑟尔（Julie R. Posselt），《走进研究生招生：择优录取、多样性与教师把关》（*Inside Graduate Admissions: Merit, Diversity, and Faculty Gatekeeping*），马萨诸塞州剑桥：哈佛大学出版社，2016 年。

153

15. 随着美国高等教育的基本财务结构不断变化,教师参与治理的范围成为新的问题,参见威廉·G. 鲍恩(William G. Bowen)、尤金·M. 托宾(Eugene M. Tobin),《权威之源:高等教育治理中教师角色的演变》(*The Locus of Authority: The Evolution of Faculty Roles in the Governance of Higher Education*),普林斯顿:普林斯顿大学出版社,2015 年。阿伯特和我们描述的传承至今的治理结构所赋权的对象将如何回应这些新的批评,仍是一个悬而未决的问题。不过非院系形式的稳步上升和终身教职教师比例的稳步下降,表明教师权力长期以来正在逐步弱化。

16. 安德鲁·阿伯特,《职业中的地位和地位压力》("Status and Status Strain in the Professions"),《美国社会学杂志》(*American Journal of Sociology*),86(1981):815—835。

17. 尽管全面的考察超出了本研究的范围,但我们的工作强烈暗示,院系和非院系是共同进化的。我们的假设是,院系需要在其间隙和外围进行缓冲,以处理学科体系中固有的知识和政治矛盾。关于缓冲概念的经典文献,参见詹姆斯·G. 马奇、赫伯特·西蒙(Herbert Simon),《组织》(*Organizations*),纽约:约翰威立出版公司,1958 年,以及詹姆斯·D. 汤普森(James D. Thompson),《行动中的组织》(*Organizations in Action*),纽约:麦格劳·希尔出版公司,1967 年。另见阿伯特的论文《边界上的事物》("Things of Boundaries"),《社会研究》(*Social Research*),62(1995):857—882,其中提出了一个关于边界如何构成新的社会实体的有趣论点。非院系可能被恰当地视为将学科之间以及学科和公众之间的边界转化为事物的组织方式。

18. 在此,我们既有参考也有背离下述关于斯坦福大学非院系学术单位的研究:苏珊·比安卡尼(Susan Biancani),丹尼尔·A. 麦克法兰、林纳斯·达兰德,《半正式组织》("The Semiformal Organization"),《组织科学》(*Organization Science*),25(2014):1306—1324。我们自己的调查表明,许多非院系是正式组织的重要单位,具有明确的边界、成员、收入流和汇报线。

19. 参见扎卡里·洛克曼,《田野笔记:美国中东研究的形成》,加利福尼亚州斯坦福:斯坦福大学出版社,2016年。

20. 从这个意义上说,第六编资助的中心就是一种"边界组织",使大学及其人员能够管理与学院以外的相应网络的关系。关于"边界组织",参见西欧班·奥马奥尼(Siobhán O'Mahoney)、贝丝·A. 贝奇基(Beth A. Bechky),《边界组织:使得意外的盟友之间能够进行合作》("Boundary Organizations:Enabling Collaboration Among Unexpected Allies"),《管理科学季刊》,53(2008):422—459。

21. 拉蒙在《教授如何思考:走进学术评判的奇妙世界》一书中指出,美国学术界评估工作的数量是美国学术界庞大规模及其报酬分配稳步合理化的一个函数。

22. 乔舒亚·盖茨科(Joshua Guetzkow)、米谢勒·拉蒙、格雷戈伊尔·马拉德(Grégoire Mallard),《什么是人文社会科学中的原创性?》("What Is Originality in the Social Sciences and the Humanities?"),《美国社会学评论》(*American Sociological Review*),69(2004):190—212。

23. 参见尼尔·格罗斯、理查德·罗蒂(Richard Rorty),《美国哲学家的形成》(*The Making of an American Philosopher*),芝加哥:芝加哥大学出版社,2008年。

24. 关于学科间竞争的详细考察,参见理查德·惠特利(Richard

154

Whitley），《科学的知识和社会组织》（*The Intellectual and Social Organization of the Sciences*），牛津：克拉伦登出版社，1984 年；以及皮埃尔·布尔迪厄（Pierre Bourdieu），彼得·科里尔（Peter Collier）（译），《学术人》（*Homo Academicus*），马萨诸塞州剑桥：政体出版社，1988 年。

25. 近期关于身份同一性和多样性的概括性研究，参见尼尔·弗雷格斯坦（Neil Fligstein）、道格·麦克亚当（Doug McAdam），《场域理论》（*A Theory of Fields*），纽约：牛津大学出版社，2012 年；约翰·F. 帕吉特（John F. Padgett）、沃尔特·J. 鲍威尔（Walter J. Powell），《组织与市场的兴起》（*The Emergence of Organizations and Markets*），普林斯顿：普林斯顿大学出版社，2012 年。

第四章　在大学里做“石头汤”

1. 关于知识生活这一经久不衰的隐喻的经典文献，参见戴安娜·克兰（Diana Crane），《看不见的大学：科学共同体中的知识扩散》（*Invisible Colleges: Diffusion of Knowledge in Scientific Communities*），芝加哥：芝加哥大学出版社，1972 年。

2. 与之相关的是关于个人和群体行为的大量文献，通常被归入理性选择理论的大旗下。在这一传统中，社会学理论的经典文献参见詹姆斯·S. 科尔曼（James S. Coleman），《社会理论的基础》（*Foundations of Social Theory*），马萨诸塞州剑桥：哈佛大学出版社，1990 年；迈克尔·赫克特（Michael Hechter），《群体团结的原则》（*Principles of Group Solidarity*），伯克利：加利福尼亚大学出版社，1987 年。

3. 这方面的文献相当丰富，概括性同时也是冒险性的阐述参见卡尔文·莫里尔（Calvin Morrill），《文化与组织理论》（"Culture and Organization Theory"），《美国政治和社会科学学会年鉴》（*Annals of the American Academy of Political and Social Science*），619（2008）：15—40。引自伊丽莎白·S. 克莱门丝，《以组织形式为框架：1880—1920 年美国劳工运动中的集体身份与政治策略》（"Organizational Form as Frame：Collective Identity and Political Strategy in the American Labor Movement, 1880—1920"），载道格·麦克亚当、约翰·D. 麦卡锡（John D. McCarthy）、迈尔·N. 扎尔德（Mayer N. Zald）（编），《比较视角下的社会运动：政治机会、动员结构和文化框架》（*Comparative Perspectives on Social Movements: Political Opportunities, Mobilizing Structures, and Cultural Framings*），剑桥：剑桥大学出版社，1996 年，第 205—226 页。将理性选择与文化主义传统联系起来的一个巧妙尝试参见：迈克尔·崔时英（Micahel Suk-Young Chwe），《理性仪式：文化、协调与常识》（*Rational Ritual: Culture, Coordination, and Common Knowledge*），普林斯顿：普林斯顿大学出版社，2003 年。

4. 参见维罗妮卡·博伊克斯·曼西拉、米谢勒·拉蒙、佐藤恭子，《共享的认知-情感-互动平台：成功的跨学科合作的标志和条件》，《科学、技术与人类价值》，2015 年 11 月：1—42。有关科学研究中的团队协作及其对参与者的影响的最新综述，参见埃琳·利希（Erin Leahey），《从单独研究者到团队科学家：科研合作实践与研究的趋势》（"From Sole Investigator to Team Scientist：Trends in the Practice and Study of Research Collaboration"），《社会学年度评论》，42（2016）：81—100。

5. 杰瑞·A. 雅各布斯,《捍卫学科:研究型大学的跨学科与专业化》,芝加哥:芝加哥大学出版社,2013 年。关于中心和研究所的内容请参阅第 5 章。

155 6. 一般来说,学会是积累声望的关键机制,参见乔尔·M. 波多尔尼(Joel M. Podolny),《地位信号:市场竞争的社会学研究》(*Status Signals: A Sociological Study of Market Competition*),普林斯顿:普林斯顿大学出版社,2005 年。

7. 这并不是说研究型大学的规范模式是静态的。正如我们在第一章中所解释的,美国大学在历史上是一种非常灵活的形式。我们将在第六章重新讨论制度变迁这一重要问题。我们在这里的观点是,当前打造"真正的"研究型大学的文化和集体行动模板包含了知识生产的"石头汤"过程的所有必要组成部分。

8. 这两个绰号来自艾米·J. 宾德(Amy J. Binder)、凯特·伍德(Kate Wood)《向右转:校园如何塑造年轻的保守派》(*Becoming Right: How Campuses Shape Young Conservatives*),普林斯顿:普林斯顿大学出版社,2013 年。

第五章 数字和语言

1. 克拉克·克尔,《大学之用》,马萨诸塞州剑桥:哈佛大学出版社,1963 年。

2. C. P. 斯诺(C. P. Snow),《两种文化》(*The Two Cultures*),伦敦:剑桥大学出版社,1959 年。

3. 较早的评论参见汤普森·克莱因(Thompson Klein),《跨学科:历史、理论和实践》(*Interdisciplinarity: History, Theory, and Practice*),

底特律：韦恩州立大学，1990 年。

4. 凯文·凯里（Kevin Carey）在《大学的终结》（*The End of College*，纽约：河源出版社，2015 年）第二章中对这一变化做了简明的阐述，详见第 14—32 页。有关学术引文，请参阅第三章中我们的说明。

5. 根据我们在第三章中的讨论，这种对学科受众的思维方式是基于安德鲁·阿伯特的概念化。见安德鲁·阿伯特，《学科的混乱》（芝加哥：芝加哥大学出版社，2001 年）；安德鲁·阿伯特，《职业中的地位和地位压力》，《美国社会学杂志》，86（1981）：815—835。

6. 关于美国的学科社会科学勉为其难的国际主义的生动描述，参见查尔斯·库兹曼（Charles Kurzman），《学术注意力与美国社会科学有限的国际化》，《国际社会学》（*International Sociology*），待出版。另见查尔斯·库兹曼，《美国社会科学顽固的狭隘性》（"The Stubborn Parochialism of American Social Science"），《高等教育纪事报》（*The Chronicle of Higher Education*），2015 年 1 月 19 日。

7. 米谢勒·拉蒙，《教授如何思考：走进学术评判的奇妙世界》，马萨诸塞州剑桥：哈佛大学出版社，2009 年；朱莉·R. 波瑟尔，《走进研究生招生：择优录取、多样性与教师把关》，马萨诸塞州剑桥：哈佛大学出版社，2016 年。

8. 对美国学术界这种演变的权威的历史描述，参见多萝西·罗斯，《美国社会科学的起源》，剑桥：剑桥大学出版社，1991 年，请特别参阅其第六章、第七章和第八章，分别关于经济学、政治学和社会学。有关专业抽象的开创性研究，参见安德鲁·阿伯特，《职业体系：关于专家劳动分工的论述》（*The System of Professions: An Essay on the Division of Expert Labor*），芝加哥：芝加哥大学出版社，1988

156

年,以及安德鲁·阿伯特,《学科的混乱》。关于技术结构与科学认识论的关系,参见卡琳·克诺尔-塞蒂纳,《认识论的文化:科学家如何生产知识》,马萨诸塞州剑桥:哈佛大学出版社,1999 年。

9. 这个著名的比喻来自克利福德·格尔兹,《深描:迈向文化的阐释理论》,载《文化的解释》(*The Interpretation of Cultures*),纽约:基础读物出版公司,1973 年,第 3—30 页。

10. 关于这种张力的学术文献浩如烟海,有关简明评论参见乔治·斯坦梅茨,《导言:社会科学中的实证主义及其他》("Positivism and Its Others in the Social Sciences"),载乔治·斯坦梅茨(编),《人文学科中的方法政治》(*The Politics of Method in the Human Sciences*),北卡罗来纳州达勒姆:杜克大学出版社,2005 年,第 1—56 页。历史社会学者直面这种张力,参见伊丽莎白·S. 克莱门丝,《历史的逻辑? 变迁解释中的能动性、多重性与非连贯性》("Logics of History? Agency, Multiplicity, and Incoherence in the Explanation of Change"),载朱莉娅·亚当斯(Julia Adams)、伊丽莎白·S. 克莱门丝、安·肖拉·奥尔洛夫(Ann Shola Orloff)(编),《重塑现代性:政治、历史与社会学》(*Remaking Modernity: Politics, History, and Sociology*),北卡罗来纳州达勒姆:杜克大学出版社,2005 年,第 493—515 页。卡罗尔·A. 海默(Carol A. Heimer)详细阐述了这种区分的认识论特征,参见《个案与传记:论常规化与比较性》("Cases and Biographies: An Essay on Routinization and the Nature of Comparison"),《社会学年度评论》,27(2001):47—76。

11. 对特殊主义知识真实性的批判,参见爱德华·萨义德具有标志意义的著作《东方主义》,纽约:兰登书屋,1978 年;以及詹姆斯·G.

克利福德、乔治·E. 马库斯(编),《写文化:民族志的诗学与政治学》,伯克利:加利福尼亚大学出版社,1986 年。关于社会科学中普遍性知识的本体论批判,参见乔治·斯坦梅茨(编),《人文学科中的方法政治》,北卡罗来纳州达勒姆:杜克大学出版社,2005年。另见雷文·康奈尔,《北方理论:一般社会理论的政治地理学》,《理论与社会》,35(2006):237—264。

12. 杰瑞·A. 雅各布斯,《捍卫学科:研究型大学的跨学科与专业化》,芝加哥:芝加哥大学出版社,2013 年。

13. 丹尼尔·赫希曼(Daniel Hirschman)、伊丽莎白·波普·伯曼,《经济学家制定政策吗? 论经济学的政治效应》("Do Economists Make Policies? On the Political Effects of Economics"),《社会经济学评论》(*Socio-Economic Review*),12(2014):779—811。

14. 关于经济学家的显赫地位,参见玛丽昂·富尔卡德(Marion Fourcade)、艾蒂安·奥利翁(Etienne Ollion)、扬·阿尔甘(Yann Algan),《经济学家的优越性》("The Superiority of Economists"),《经济展望杂志》(*Journal of Economic Perspectives*),29(2015):1—28。

15. 大卫·C. 恩格曼,《了解你的敌人:美国苏联专家的兴衰》,纽约:牛津大学出版社,2009 年,第 255 页。

16. R. A. 帕拉特(R. A. Palat),《碎片化的视野:挖掘后美国世界中地区研究的未来》("Fragmented Visions: Excavating the Future of Area Studies in a Post-American World"),载 M. E. 彼得斯(M. E. Peters)(编),《学科之后:文化研究的兴起》(*After the Disciplines: the Emergence of Cultural Studies*),康涅狄格州韦斯特波特:格林伍德出版集团,1999 年,第 64—106 页。引文出自第 77 页。

157

17. 温迪·纳尔逊·埃斯佩兰、迈克尔·绍德,《焦虑的动力:学术排名、声誉和责任感》,纽约:罗素·塞奇基金会,2016年。

18. 关于现代社会中定量评估模式的优势地位的概述,参见温迪·纳尔逊·埃斯佩兰、米切尔·L. 史蒂文斯,《量化社会学》,《欧洲社会学杂志》,XLIX(2008):401—436;以及阿兰·德罗西埃(Alain Desrosières),《大数的政治:统计推理的历史》(*The Politics of Large Numbers: A History of Statistical Reasoning*),马萨诸塞州剑桥:哈佛大学出版社,1998年。

19. 在我们的田野工作完成之后,所谓的"大数据"(通过数字媒体产生的数据流,借助算力的进步很容易地进行整合和研究)正在不断兴起,这表明量化社会科学的特性发生了划时代的转变,并进一步提高了研究它所需要的分析技能。文献计量学的相关和快速发展,也为这里提到的定性分析的未来开辟了新的前景。

20. 有大量证据表明,在社会科学学科中存在着一种学术等级制度,顶尖院系倾向于从极少数其他顶尖院系聘用人才。政治学的研究参见罗伯特·奥普里斯科(Robert Oprisko),《超级大国:美国的学术精英》("Superpowers:The American Academic Elite"),《乔治敦公共政策评论》(*The Georgetown Public Policy Review*),2012年12月3日。社会学的研究参见瓦尔·布里斯(Val Burris),《学术种姓制度:博士生交流网络中的声望等级制度》("The Academic Caste System: Prestige Hierarchies in PhD Exchange Networks"),《美国社会学评论》,69(2004):239—264。这一体系是否有助于培养高产的学者还是一个悬而未决的问题,经济学的研究参见约翰·P. 康利(John P. Conley)、阿里·西纳·奥德尔(Ali Sina Onder),《经济学新博士的研究生产率:成功者高得令人震惊的不成功率》("The Research Productivity of New PhDs in Economics：The Surprisingly High Non-success of the Successful")，《经济展望杂志》，28（2014）：205—216。

21. 对此特别富有见解的研究参见：波瑟尔，《走进研究生招生：择优录取、多样性与教师把关》。

22. 莎伦·科普曼（Sharon Coppman）、辛迪·L. 凯恩（Cindy L. Cain）、艾琳·莱希（Erin Leahy），《科学的乐趣：情感叙述中的学科多样性》("The Joy of Science：Disciplinary Diversity in Emotional Accounts")，《科学、技术与人类价值》，40（2015）：30—70；安娜·诺依曼（Anna Neuman），《表达激情：研究型大学教授学术研究中的情感》("Professing Passion：Emotion in the Scholarship of Professors at Research Universities")，《美国教育研究杂志》（*American Educational Research Journal*），43（2006）：381—424。有关这一基本见解的广泛学术讨论，参见米谢勒·拉蒙，《迈向评价和评估的比较社会学》("Toward a Comparative Sociology of Valuation and Evaluation")，《社会学年度评论》，38（2012）：201—221。

第六章　世界眼里的美国大学

1. 社会科学研究理事会是二战后区域研究发展的重要参与者，它在1996 年对其国际项目进行了重大重组，有效地结束了其长达数十年的区域研究模式。参见扎卡里·洛克曼，《田野笔记：美国中东研究的形成》，加利福尼亚州斯坦福：斯坦福大学出版社，2016年，第249—265 页；另见肯顿·W. 沃彻斯特，《社会科学研究理事会,1923—1998》,纽约:社会科学研究理事会,2001年。

158　2. 辛西娅·米勒－伊德里斯、伊丽莎白·哈诺尔(Elizabeth Hanauer),《跨国高等教育:中东地区的海外校园》("Transnational Higher Education:Offshore Campuses in the Middle East"),《比较教育学》(*Comparative Education*),47(2011):181—207。

3. 有关这一动荡时期的概括性回顾,参见迈克尔·柯斯特(Michael Kirst)、米切尔·L.史蒂文斯编,《重塑大学:高等教育生态的变迁》(*Remaking College: The Changing Ecology of Higher Education*),加利福尼亚州斯坦福:斯坦福大学出版社,2015年;另见伊丽莎白·波普·伯曼、凯瑟琳·帕拉代斯(Catherine Paradeise),《压力下的大学》(*The University Under Pressure*),"组织社会学研究系列"(Research in the Study* of Organizations),第46卷,2016年。

4. 参见查尔斯·库兹曼,《美国社会科学顽固的狭隘性》,《高等教育纪事报》,2015年1月19日。另见查尔斯·库兹曼,《学术注意力与美国社会科学有限的国际化》,《国际社会学》,待出版。

5. 罗纳德·N.雅各布斯、埃莉诺·汤斯利,《舆论空间:媒介知识分子与公共领域》,纽约:牛津大学出版社,2011年。

6. 关于20世纪下半叶智库的兴起,参见托马斯·梅德韦茨(Thomas Medvetz),《美国的智库》(*Think Tanks in America*),芝加哥:芝加哥大学出版社,2012年。

7. 克里斯托弗·贝尔,《恐惧:反穆斯林边缘组织如何成为主流》(*Terrified: How Anti-Muslim Fringe Organizations Became Mainstream*),普林斯顿:普林斯顿大学出版社,2015年。

---

* 此处原文有误,应为 Sociology。

8. 参见法比奥·罗哈斯(Fabio Rojas),《从黑人权力到黑人研究:一个激进的社会运动如何成为一门学术学科》(*From Black Power to Black Studies: How a Radical Social Movement Became an Academic Discipline*),巴尔的摩:约翰·霍普金斯大学出版社,2007 年。关于女性研究、亚裔美国人研究和酷儿研究,参见迈克拉·玛丽尔-莱蒙尼克·阿瑟(Michaela Mariel-Lemonik Arthur),《高等教育中的学生行动主义和课程变革》(*Student Activism and Curricular Change in Higher Education*),博蒙特州伯灵顿:阿什盖特出版公司,2011 年。

9. 美国大学教授协会(American Association of University Professors),《任期制与教学密集型任命》(*Tenure and Teaching-Intensive Appointments*),2014 年。www. aaup. org/report/tenure-and-teaching-intensive-appointments,2015 年 4 月 14 日访问。

索　引

索引页码为原书页码，即本书边码。

图书在版编目 (CIP) 数据

见识世界 : 全球化时代美国大学的跨学科研究 /
(美) 米切尔·L. 史蒂文斯 (Mitchell L. Stevens) ,
(美) 辛西娅·米勒 – 伊德里斯 (Cynthia Miller-Idriss),
(美) 塞特尼·沙米 (Seteney Shami) 著 ; 王翔译 . --
北京 : 商务印书馆 , 2023
（大学之思）
ISBN 978-7-100-22901-2

Ⅰ . ①见… Ⅱ . ①米… ②辛… ③塞… ④王… Ⅲ .
①高等教育－研究－美国 Ⅳ . ① G649.712

中国国家版本馆 CIP 数据核字 (2023) 第 194327 号

大学之思
见识世界
全球化时代美国大学的跨学科研究
〔美〕米切尔·L. 史蒂文斯 等 著

王 翔 译

商 务 印 书 馆 出 版
（北京王府井大街 36 号 邮政编码 100710）
商 务 印 书 馆 发 行
上海盛通时代印刷有限公司印刷
ISBN 978-7-100-22901-2

2023 年 11 月第 1 版 开本 880×1240 1/32
2023 年 11 月第 1 次印刷 印张 7⅞

定价：78.00 元